Pablo Fernández Berrocal
Natalia Ramos Díaz

DESARROLLA TU
INTELIGENCIA
EMOCIONAL

editorial **K**airós

Numancia, 117-121
08029 Barcelona
www.editorialkairos.com

© 2004 Pablo Fernández-Berrocal y Natalia Ramos Díaz

© de la edición española:
   2004 by Editorial Kairós, S.A.

Primera edición: Junio 2004
Segunda edición: Mayo 2005

I.S.B.N.: 84-7245-573-4
Depósito legal: B-9.362/2005

Fotocomposición: Grafime. Mallorca 1. 08014 Barcelona
Impresión y encuadernación: Romanyà-Valls. Verdaguer, 1. 08786 Capellades

SUMARIO

Prólogo 9

1. Las emociones 11
2. La inteligencia emocional 19
3. Atención y percepción de nuestras emociones 27
4. Conocimiento de nuestras emociones 37
5. Regular nuestras emociones 53
6. Percepción emocional interpersonal 61
7. Comprender a los demás: empatía 73
8. Regular las emociones en los demás 79
9. Escribir expresando las emociones 87
10. Abuso sexual 111
11. Cómo afrontar la muerte de un ser querido 125

DESARROLLA TU INTELIGENCIA EMOCIONAL

PRÓLOGO

El propósito de este libro es ayudar a las personas a desarrollar y a practicar sus habilidades emocionales de una forma sencilla y amena. En algunos casos de forma individual y, en otros, de forma colectiva en pequeños grupos.

Para ello hemos limitado la parte teórica a dos pequeños capítulos que nos introducen en los conceptos básicos sobre qué son las emociones y qué es la *inteligencia emocional* (capítulos 1 y 2, respectivamente).

Los capítulos del 3 al 8 son ejercicios prácticos para mejorar nuestras habilidades emocionales básicas. En concreto, nos hemos centrado en seis habilidades emocionales que son el eje de la inteligencia emocional (ver capítulo 2):

1. Atención y percepción de nuestras emociones
2. Conocimiento de nuestras emociones
3. Regular nuestras emociones
4. Percepción emocional interpersonal
5. Comprender a los demás: empatía
6. Regular las emociones en los demás

Los capítulos del 9 al 11 son también prácticos, pero más específicos. El capítulo 9 es un acercamiento novedoso a la técnica de la expresión de los sentimientos más íntimos e inconfesables mediante la escritura.

Por último, los capítulos 10 y 11 hacen referencia a la gestión de los sentimientos en dos situaciones emocionales complejas y delicadas, pero muy diferentes, como son el abuso sexual y la muerte de un ser querido.

Los ejercicios que se presentan para cada habilidad emocional son sencillos y se han especificado casi a modo de recetario gastronómico para facilitar su comprensión por parte del lector, pero intentando a la vez que sean lo más eficaces posibles. Para ello, los autores como buenos cocineros los han probado en diferentes cursos que imparten sobre inteligencia emocional, desechando en el camino aquellos que no han funcionado de forma adecuada. En este sentido, los ejercicios de este libro son el resultado de años de formación práctica en inteligencia emocional a cientos de personas.

No obstante, la validez y la oportunidad de cada ejercicio dependen directamente del interés de cada persona en su realización. Un recurso para aumentar su eficacia, cuando sea posible, es practicarlos en pequeños grupos coordinados por un experto en inteligencia emocional.

Algún lector podrá pensar que todos poseemos estas habilidades de forma innata y que su aprendizaje es, en este sentido, poco útil. Y es cierto, todas las personas tienen estas destrezas en mayor o menor medida, pero esto no garantiza que de forma natural seamos expertos emocionales. El dominio de nuestra capacidad para percibir, comprender, usar y regular nuestras emociones y las de los demás es una cuestión de práctica que se consolida y potencia durante toda nuestra vida. La infancia es un lugar privilegiado para el aprendizaje inteligente de las emociones, pero no el único.

Aprender a ser una persona con inteligencia emocional es siempre posible, pero requiere continuidad y esfuerzo, así como un deseo genuino por el cambio.

Ánimo y suerte en esta aventura personal.

Los autores

1. LAS EMOCIONES

El objetivo de este capítulo es introducir al lector en el concepto de emoción, así como en las funciones que las mismas desempeñan en la vida cotidiana.

Allí estaba él como tantas otras veces trabajando en sus proyectos. Aprovechando su distracción me dediqué a observarlo. Parecía cansado, quizá triste. Sabía perfectamente lo que sentía por aquel hombre o más bien sentía sin poder decir con seguridad aquello que sentía. Nunca el sentimiento fue lo suficientemente intenso como para llegar a comunicárselo, mas nunca fue lo suficientemente débil como para poder olvidarlo.

Me sentía atraída por él; sin embargo, mis palabras, como un extranjero en su propio país, expresaban algo diferente. Al despedirme experimentaba una gran tristeza; siempre ocurría algo parecido. Deseaba volver a encontrarle, comunicarle mis verdaderos sentimientos. Mas nunca volví atrás, siempre existió una gran distancia entre los dos.

Y así son las emociones...

En ocasiones su fuerza y certeza nos impulsan a actuar hacia una dirección determinada. Así, trabajas en algo que no te convence, no crees que sea de utilidad, te sientes triste y hastiado; finalmente decides abandonar. Las emociones en estos casos hacen su aparición de forma rotunda. Aunque intentes seguir con ese trabajo, ya sabes que lo detestas y tu propio estado de ánimo impide su ejecución. En estos casos razón y emoción parecen ir de la mano, no hay conflicto, la solución es sencilla.

Pero en otros momentos el mensaje emocional es más confuso, nuestros pensamientos creen saber algo que la emoción no parece secundar; en estas circunstancias, razón y emoción entablan una dura batalla y la solución parece no estar cerca.

Ella lo observaba... Sentía sin poder decir con seguridad aquello que sentía...

Si la protagonista de nuestra historia hubiese sabido con seguridad lo que sentía por aquel hombre, no hay duda de que hubiera actuado en consecuencia. Sin embargo, algo se lo impedía.

Quizá, la suma de muchas historias confusas, sobre todo muchas historias confusas cuyo final fue desgraciado, nos hizo aproximarnos a las emociones con cierto recelo.

Durante mucho tiempo se creyó que adentrarse en el universo emocional era acercarse a un mundo peligroso. Un mundo en el que o ejercemos el control o seremos controlados. La emoción pasa de este modo a transformarse en un animal salvaje con el que es importante luchar a fin de domesticarlo.

Sorprende ver cómo el trastorno obsesivo tiene precisamente por víctimas a individuos con un fuerte temor a sus emociones, personas deseosas de ejercer control sobre su medio para aliviar el malestar que les produce no tenerlo sobre su propio mundo emocional.

Desde otro punto de vista, sin embargo, las emociones son vistas de forma positiva. En su interior se halla información valiosa para el individuo, pero es necesario observarlas, dedicarles tiempo, comunicarlas y, si es posible, descubrir el misterio que encierran. Posiblemente lo que nunca fue adaptativo es la forma en la que muchos individuos hicieron frente a sus emociones. Interpretaciones poco adecuadas, acciones precipitadas que nos han mantenido durante mucho tiempo alejados de una valiosa sabiduría emocional.

En todo caso, las emociones tienen un efecto inmediato sobre el que las experimenta. Generan sensaciones en el individuo que bien pueden ser placenteras o desagradables. Constituyen un signo inequívoco de que seguimos vivos y en contacto con aquello que nos rodea. No es extraño que aquellas personas que experimentan un trauma en su vida pasen por períodos de embotamiento afectivo, momentos en los cuales parece que la emoción estuviera ausente, colapsada, atrapada. Circunstancias en las que el individuo también parece ausentarse temporalmente de su propia vida.

Y es precisamente en el propio corazón emocional, en este sentir atracción o rechazo por aquello que nos rodea, donde el ser humano encuentra la raíz de su motivación, el impulso para la acción. Acercarse hacia aquello que desea, alejarse de aquello que detesta e, incluso, adentrarse en su propio deseo a fin de saber algo más sobre su naturaleza.

Las emociones son reacciones complejas en las que se ven mezcladas tanto la mente como el cuerpo. La respuesta emocional de este modo incluye tres tipos de respuestas: un estado mental subjetivo (por ejemplo, me siento bien o mal), un impulso a actuar que puede expresarse o no de forma abierta (por ejemplo, aproximación, evitación, llanto), y cambios corporales o respuestas de tipo fisiológico (por ejemplo, sudoración, ritmo cardiaco) (*Véase tabla 1*).

Al margen de aspectos puramente descriptivos, es probable que el lector esté más interesado en conocer cuáles son las funciones de la emoción. Conocer el significado de la emoción en nuestro entorno social, saber si las mismas sirven a algún objetivo concreto y, en último término, si pueden ser modificadas para lograr determinadas metas.

Miedo	El miedo o ansiedad aparecen cuando el individuo percibe una situación o estímulo como amenazante
Ira	Emoción que se activa cuando se bloquea la conducta dirigida hacia una meta, como también al ser engañados, heridos o traicionados
Tristeza	Emoción que se activa ante el fracaso y la separación
Alegría	Emoción que se activa ante el éxito y los acontecimientos positivos, así como aquellas situaciones que refuerzan la autovalía
Sorpresa	Emoción que se activa ante sucesos inesperados
Asco	Emoción que se activa ante un objeto deteriorado o acontecimiento psicológico de mal gusto

Tabla 1. Definición de las emociones

En primer lugar, las emociones nos ayudan a transmitir cómo nos sentimos. Constituyen un medio no verbal y bastante efectivo de comunicación. Sirva de ejemplo cómo los niños, carentes de recursos verbales, a través de la expresión de sus estados emocionales comunican a sus padres de manera precisa sus necesidades.

Al mismo tiempo, la emoción es un mecanismo efectivo de regulación del comportamiento ajeno. Del mismo modo en que el lenguaje es un instrumento útil para lograr que otros individuos respondan a nuestras demandas, la emoción es un instrumento imprescindible para dicho fin. A pesar de ello, no siempre a través de las emociones logramos que otros individuos lleven a cabo las acciones que pretendemos. En ocasiones al expresar tristeza, lejos de encontrar apoyo, observamos sorprendidos cómo nuestros allegados parecen alejarse de nosotros. La razón de este hecho reside en que a veces la emoción constituye una amenaza para el receptor. Es más agradable estar cerca de aquellas personas cuyo estado de ánimo es positivo.

La emoción, sin duda, facilita la interacción social. Una de las pruebas más claras se produce a través de la sonrisa, que ha sido definida como un "imán social". Sin duda, cuando una persona nos sonríe nos invita a mantener contacto con ella. Pero una de las funciones más importantes de la emoción reside en su papel determinante a la hora de percibir nuestro entorno. En la actualidad parece claro que la realidad depende de la persona que la evalúa; cada individuo percibe el medio en función de sus propios intereses y conocimientos. Incluso un mismo individuo puede contemplar su entorno de manera distinta en días diferentes. Esto es curioso, porque, a pesar de que la realidad no experimenta grandes cambios de un día al siguiente, la misma persona puede sentirse muy esperanzada un día y al siguiente percibir que su vida es muy complicada. La explicación a este hecho obedece al estado de ánimo del individuo a la hora de analizar su entorno.

Siendo conscientes de la importancia de los estados emocionales en diversas facetas de nuestra vida, estaremos más cerca de comprender el porqué de este reciente interés por el mundo emocional y, más concretamente, por las posibilidades de utilizar las emociones en nuestro propio beneficio. Aquí es donde se encuentran unidos los dos conceptos a los que obedece el presente libro. Nos referimos al de "emoción" e "inteligencia". Conceptos que, fundidos, han dado lugar a la "inteligencia emocional".

Conocer nuestras emociones, así como el efecto que la comunicación de las mismas tiene en otros individuos, saber cómo determinan la forma en la cual percibimos nuestro entorno y, en suma, ser conscientes de que un adecuado conocimiento y manejo de ellas harán que mejore nuestra vida son razones más que suficientes para tratar de optimizar nuestras destrezas emocionales.

La empatía, pilar fundamental de las relaciones sociales

Uno de los elementos clave que quedan integrados en el marco de la Inteligencia Emocional lo constituye la capacidad de sentir las emociones que otros individuos están experimentando, así como comprender aquello que piensan respecto a su mundo.

Dado que nuestra naturaleza es social por definición, parece lógico prestar una atención especial a dicho aspecto de la inteligencia emocional. Cuando hablamos de sentir con otros individuos aquello que ellos mismos están sintiendo, no deberíamos entender que debe producirse una fusión total entre interlocutores. Si me siento frente a una persona que está atravesando una situación difícil en su vida, ser empático no significa sufrir tanto como la persona que tenemos en frente sino más bien experimentar un tono hedónico similar desde nuestra propia templanza emocional a fin de ayudar a esa persona a contemplar su propia emoción desde la distancia de un observador.

Esta habilidad compleja y sencilla al mismo tiempo forma parte de nuestro repertorio en el mismo momento de nuestro nacimiento. A un nivel muy básico, el llanto de un bebé suscita el llanto de otro bebé. Con el paso del tiempo, el niño es capaz de aproximarse a otros seres no en un sentido puramente instrumental para obtener aquello que desea, sino con la finalidad de compartir junto a otros su propio mundo emocional.

La empatía evoluciona desde sus rudimentos más elementales hasta niveles de alta complejidad. Existe un momento crucial en que los individuos nos vemos inclinados a aliviar el sufrimiento ajeno como forma de aliviar el sufrimiento que el malestar del otro suscita en nosotros. En estos casos nuestra identificación con los sentimientos de la otra persona no nos permite todavía la actuación como verdaderos observadores.

Cuando la empatía se caracteriza por la presencia de sentimientos de ternura, compasión y cercanía, alcanza su nivel óptimo, llegando a ser un fin en sí misma. En la distancia existente entre un grado y otro de empatía se halla la explicación de por qué ciertos individuos, aparentemente empáticos, parecen manifestar una peor salud mental.

Sin embargo, cuando el ser humano es capaz de dar el salto final y orientarse hacia una empatía en la que realmente se convierte en un observador, no enredándose en los sentimientos de su interlocutor, descubrimos a un ser humano con un nivel óptimo de salud mental que además manifiesta unas relaciones sociales satisfactorias. Es aquella persona con la que solemos sentirnos bien y cuya mirada traspasa la ilusión de nuestros afectos.

2. LA INTELIGENCIA EMOCIONAL

El objetivo de este capítulo es definir qué es la inteligencia emocional, *cuáles son las habilidades emocionales que la forman y para qué sirve.*

Un escorpión, que deseaba atravesar el río, le dijo a una rana:

–Llévame a tu espalda.

–¿Que te lleve a mi espalda? –contestó la rana– ¡Ni pensarlo! Te conozco. Si te llevo a mi espalda me picarás y me matarás.

–No seas estúpida –le dijo entonces el escorpión– ¿No ves que si te pico te hundirás en el agua y que yo, como no sé nadar, también me ahogaré?

Los dos animales siguieron discutiendo hasta que la rana fue persuadida. Lo cargó sobre su resbaladiza espalda, donde él se agarró y empezaron la travesía.

Cuando estaban en medio del gran río, allí donde se crean los remolinos, de repente el escorpión picó a la rana. Ésta sintió que el veneno mortal se extendía por su cuerpo y, mientras se ahogaba, y con ella el escorpión, le gritó:

–¿Por qué lo has hecho? Es irracional…

–No pude evitarlo –contestó el escorpión antes de desaparecer en las aguas– Es mi naturaleza.

El escorpión suicida es el retrato de alguno de nuestros compañeros de trabajo, de alguno de nuestros amigos, de nuestra pareja e, incluso, de nosotros mismos en algunas fatales ocasiones. Personas inteligentes y racionales con buenos propósitos iniciales que nos persuaden (cuando nos toca ser la ranita) de que esta vez van en serio, de que lo más lógico es cooperar con ellos y obtener todos un mutuo provecho. Pero al final no es posible, todo termina fatal y nos sentimos defraudados y engañados.

Si lo analizamos un poco más allá de nuestro narcisismo herido (bueno, en el caso de la rana fue algo más que su narcisismo) no se trata de un engaño, pues es un engaño ridículo, ya que termina también con la muerte del propio escorpión. Es un mecanismo más primitivo: el escorpión sabía racionalmente que no debía picar a la rana si quería cruzar el río y sobrevivir, pero una fuerza interior irresistible le impulsó a picar a la rana.

Este tipo de conflictos entre la razón y nuestros deseos se producen en nosotros muy a menudo y tienen terribles consecuencias. Ser capaz de conciliar esas dos fuerzas interiores con las que está dotado el ser humano no es fácil, y las personas que poseen esta habilidad se distinguen de las demás por ser más sanas tanto física como mentalmente y por estar mejor integradas en su ámbito social y profesional.

La psicología ha denominado recientemente a esta capacidad con el nombre de *inteligencia emocional*. Sin embargo, debido en parte a la confusión terminológica y a la proliferación de libros sin demasiado rigor científico que surgieron tras el *best-seller* de Daniel Goleman (en 1995), ni los investigadores ni los educadores han tenido claro qué es la inteligencia emocional.

Para nosotros unos de los referentes más serios en este campo es la teoría de la Inteligencia Emocional (IE) propuesta por Peter Salovey y John Mayer (Mayer y Salovey, 1997), porque aporta un nuevo marco conceptual para investigar la capacidad de adaptación social y emocional de las personas. Su modelo se centra en las habilidades emocionales que pueden ser desarrolladas por medio del aprendizaje y la experiencia cotidiana.

Desde esta teoría, la inteligencia emocional se define como:

La habilidad de las personas para percibir, usar, comprender y manejar las emociones.

Desde su modelo la IE implica cuatro grandes componentes:

–Percepción y expresión emocional: reconocer de forma consciente nuestras emociones, identificar qué sentimos y ser capaces de darle una etiqueta verbal y una expresión emocional adecuada.

–Facilitación emocional: capacidad para generar sentimientos que faciliten el pensamiento.

–Comprensión emocional: integrar lo que sentimos dentro de nuestro pensamiento y saber considerar la complejidad de los cambios emocionales.

–Regulación emocional: dirigir y manejar de forma eficaz las emociones tanto positivas como negativas.

Estas habilidades están enlazadas de forma que para una adecuada regulación emocional es necesaria una buena comprensión emocional y, a su vez, para una comprensión eficaz requerimos de una apropiada percepción emocional.

No obstante, lo contrario no siempre es cierto. Personas con una gran capacidad de percepción emocional carecen a veces de comprensión y regulación emocional.

Esta habilidad se puede utilizar sobre uno mismo (competencia personal o inteligencia intrapersonal) o sobre los demás (competencia social o inteligencia interpersonal). En este sentido, la IE se diferencia de la inteligencia social y de las habilidades sociales en que incluye emociones internas, privadas, que son importantes para el crecimiento personal y el ajuste emocional.

Por otra parte, los aspectos personal e interpersonal también son bastante independientes y no tienen que darse de forma conjunta. Tenemos personas muy habilidosas en la comprensión y regulación de sus emociones y muy equilibradas emocionalmente, pero con pocos recursos para conectar con los demás. Lo contrario también ocurre, pues hay personas con una gran capacidad empática para comprender a los demás, pero que son muy torpes para gestionar sus emociones, porque sufren de continuos altibajos emocionales. En la Figura 1 se presentan los componentes de la IE con diferentes ejemplos.

¿Por qué y para qué necesitamos de la IE?

La IE es una fuente de salud y felicidad. El porcentaje de personas con problemas de estrés, de ansiedad y trastornos de salud mental es creciente y está relacionado, entre otros factores, con la capacidad emocional de las personas para afrontar inteligentemente esas situaciones emocionales cotidianas que nos ponen al límite de nuestros recursos personales. Cuando un ambiente es muy estresante caben varias posibilidades de afrontamiento de la situación. Una posibilidad que tenemos si somos muy optimistas es pensar que la sociedad actual mejorará en el futuro y será menos frenética y estresante gracias a la intervención del gobierno mediante sus diferentes instituciones y ministerios, y esperar pacientemente a que ese cambio estructural se produzca. Otra posibilidad más activa y para los que no creen en la ciencia ficción

	Competencia personal	Competencia social
Percepción	Cuando le digo algo agradable a mi hijo, mi rostro refleja esa emoción	Intuyo el estado de ánimo de mis amigos sólo con observarlos
Comprensión	Ahora me encuentro muy enfadado con mi pareja, pero sé que se me pasará dentro de un rato	Sé identificarme con las emociones que sienten mis amigos (empatía)
Regulación	Sé qué hacer para superar la tristeza	Soy de las personas que buscan alternativas positivas en las discusiones

Figura 1. Componentes de la IE con diferentes ejemplos

es fomentar la Inteligencia Emocional en nosotros, en nuestra familia, en nuestros amigos y en nuestro entorno laboral, creando ese cambio emocional de lo local a lo global, de lo individual hacia lo colectivo.

Obviamente, la Inteligencia Emocional no es la lámpara de Aladino a la que frotándola podemos pedirle cualquier deseo. La Inteligencia Emocional no va a evitar que el grosero de mi jefe continúe siéndolo, que yo viva a más de una hora del trabajo, que discuta con mi pareja o con mis amigos y que mis hijos nunca hagan lo que les digo, pero disminuirá ese desgaste psicológico que amenaza con acabar conmigo y me permitirá volver a disfrutar de mi vida.

¿Cuándo y dónde?

La IE debe enseñarse en la escuela. Cualquier contexto es adecuado, y su aprendizaje es necesario a lo largo de todo el ciclo vital. No obstante, las habilidades emocionales básicas deben ser introducidas en la escuela desde los tres años. La inteligencia emocional influye de forma decisiva en la adaptación social y psicológica de los estudiantes, en su bienestar emocional e, incluso, en sus logros académicos y su futuro laboral. Por ejemplo, los estudiantes con poca inteligencia emocional tienen una autoestima más baja, mayor sintomatología depresiva y ansiosa e índices mayores de consumo de drogas. Pero para que estas habilidades sean adquiridas por los alumnos es necesario que el educador posea un nivel mínimo de inteligencia emocional. Porque, a fin de cuentas, en una sociedad que ha trasladado la mayoría de sus responsabilidades a la escuela (la enseñanza de los hábitos de higiene, la nutrición, la sexualidad, la moral…), el educador está en un lugar privilegiado para liderar el cambio emocional de nuestros hijos.

Por último, ya seas ranita o escorpión, ya tengas que convivir con ranitas o escorpiones, recuerda que la moraleja de esta fábula es bien clara:

La inteligencia emocional te será indispensable para cruzar el río de la vida con fortuna.

Para saber más en castellano:

Elias, M., Tobias, S. y Friedlander, B. (1999). *Educar con inteligencia emocional*. Barcelona: Plaza y Janés.

Fernández-Berrocal, P., Salovey, P., Vera, A., Ramos, N. y Extremera, N. (2001). «Cultura, inteligencia emocional percibida y ajuste emocional: un estudio preliminar.» *Revista Electrónica de Motivación y Emoción, 4*.

— y Ramos, N. (2002). *Corazones Inteligentes*. Barcelona: Kairós.

Gottman, J. y DeClaire, J. (1997). *Los mejores padres*. Madrid: Javier Vergara.

Güell, M. y Muñoz, J. (1999). *Desconócete a ti mismo. Programa de alfabetización emocional*. Barcelona: Paidós.

Shapiro, L. E. (1997). *La inteligencia emocional en niños*. Madrid: Javier Vergara.

Sternberg, R. (1997). *La inteligencia exitosa*. Barcelona: Paidós.

—. (2003). *Por qué la gente inteligente puede ser tan estúpida*. Barcelona: Paidós.

Valles, A. y Vales, C. T. (2003). *Psicopedagogía de la inteligencia emocional*. Valencia: Promolibro.

Y en inglés:

Bar-On y Parker (2001). *The Handbook of Emotional Intelligence. Theory, developmental, and application at home, school, and in the workplace*. San Francisco: Jossey-Bass.

Ciarrochi, J., Forgas, J. y Mayer, J. (2001). *Emotional Intelligence in Everyday Life: A Scientific Inquiry*. New York. Psychology Press.

Salovey, P. y Sluyter, D. (1997). *Emotional Development and Emotional Intelligence: Implications for Educators*. New York: Basic Books.

3. ATENCIÓN Y PERCEPCIÓN DE NUESTRAS EMOCIONES

El objetivo de este capítulo es conseguir que la persona sea consciente de sus emociones. En concreto, que reconozca cuándo está sintiendo una emoción y sepa lo que significa ese sentimiento.

La atención y la percepción de nuestras emociones nos permite analizar nuestro mundo afectivo. Las personas muestran diferentes niveles de conciencia de las emociones, ya sean propias o ajenas.

Todos tenemos dificultad para recordar nuestros sentimientos y lo que hemos sentido en algunas circunstancias o con otras personas.

Vamos a presentar diferentes ejercicios que pueden ayudarte a que desarrolles una conciencia más profunda de tu vida emocional.

SIGNIFICADO DE LOS ICONOS	
🗁	Objetivos
P	Participantes
✏	Materiales
🕑	Tiempo requerido
📖	Procedimiento

¿Qué sentiste ayer por la noche?

🗁   El objetivo del ejercicio es comprobar si hemos prestado atención a nuestras emociones recientes.

P   La realización es individual.

🕐   Requiere al menos 10 minutos.

✎   Papel y lápiz. La hoja de registro que se adjunta.

📖   El ejercicio consiste en analizar tus emociones en un pasado reciente, durante los últimos días. Vamos a concentrar nuestra atención en lo que hemos sentido durante los últimos días justo antes de acostarnos. Empieza con el día de ayer e intenta ir hacia atrás todo lo que puedas. Para mayor comodidad regístralo en la tabla que te presentamos a continuación.
Intenta relacionar lo que sentiste con lo que te ocurrió ese día.

Te recomendamos

Si has recordado sólo uno o dos días deberías practicar con algunos ejercicios para aumentar tu conciencia emocional.

Diferencias entre hombres y mujeres en este ejercicio

Los hombres suelen recordar un número menor de días. La explicación reside en que prestan menor atención a su mundo emocional. Igualmente, en algunos casos suelen confundir sus estados emocionales con sus estados físicos. Suelen decir cosas como «ayer me sentí cansado», en vez de «ayer me sentí triste, porque no pude hablar con mi novia».

Registro de emociones

	L	M	Mi	J	V	S	D	L	M	Mi	J	V	S	D
¿Qué sentiste?														
¿Qué te ocurrió?														

Señala el día de comienzo y ve hacia atrás. Por ejemplo, si hoy es martes, comienza la noche del lunes.

La expresión y comunicación de las emociones se ve afectada por factores culturales y educativos. En nuestra sociedad occidental los hombres son educados en unas pautas que refuerzan que no muestren sus emociones. Esto no significa que no sean capaces de sentir, reconocer y expresar sus emociones. Realmente, tanto hombres como mujeres sienten las emociones de forma muy similar. Con un poco de interés personal todos podemos superar estas diferencias culturales y personales, y aumentar nuestras habilidades emocionales.

PRÁCTICA 2

Atención a las emociones pasadas

📁 El objetivo del ejercicio es comprobar si prestamos atención a las emociones que hemos sentido en el pasado

P La realización es individual

🕐 Requiere 10 minutos

✏ Papel y lápiz.

📖 El ejercicio consiste en analizar tus emociones en el pasado. Nos gustaría que te centraras en tu niñez (antes de los 10 años, aproximadamente), y que recordaras tres acontecimientos que fueron importantes para ti. Descríbelos con detalle.

Los acontecimientos fueron:

• 1

• 2

• 3

Te recomendamos

Si has recordado más acontecimientos negativos que positivos, deberías practicar el siguiente ejercicio para aumentar tu conciencia emocional positiva.

Las personas en este ejercicio

Los estados emocionales influyen en nuestra memoria y en nuestros recuerdos. Las personas que se encuentran equilibradas emocionalmente recuerdan más acontecimientos positivos y agradables de su infancia. Lo mismo ocurre si se les pregunta por los sucesos de las últimas semanas. En cambio, las personas que están emocionalmente tristes o, en el caso más extremo, deprimidas, encuentran con más facilidad en su memoria recuerdos amargos y desagradables de su vida.

> ¡Qué bien les iría a algunos si de sí mismos se alejasen!
>
> *Séneca*

Atención a las emociones pasadas positivas

🗁   El objetivo del ejercicio es focalizar la atención en nuestras emociones positivas pasadas.

P   La realización es individual.

🕒   Requiere entre 5 y 10 minutos.

✎   Papel y lápiz.

📖   El ejercicio consiste en analizar tus emociones en el pasado. Nos gustaría que te centraras en tu niñez (antes de los 10 años, aproximadamente), y que recordaras tres acontecimientos positivos que fueron importantes para ti. Descríbelos con detalle.

Los acontecimientos fueron:

• 1

• 2

• 3

Te recomendamos

Si la selección de recuerdos positivos que has hecho te ha costado mucho esfuerzo o son acontecimientos de muy poca relevancia en tu vida, deberías pensar en ello y reflexionar sobre cómo y por qué recuerdas emocionalmente tu infancia de esta manera.

¿Has hablado con tus padres o con tus hermanos sobre esos acontecimientos? Puede ser una buena idea compartir con ellos esos recuerdos y saber cómo se sintieron ellos en esa situación.

Las personas en este ejercicio

La relación entre nuestra memoria y las emociones tiende hacia la congruencia. Si estamos tristes fijaremos nuestra atención en acontecimientos y situaciones negativas. En cambio, si estamos alegres atenderemos y recordaremos lo positivo. Tanto un proceso como el otro son un sesgo en la percepción de la realidad. Ser conscientes de ello y tenerlo en cuenta en nuestra vida cotidiana incrementa nuestra IE.

Focaliza tu atención

🗁 El objetivo del ejercicio es comprobar si somos capaces de focalizar nuestra atención en ciertas emociones vinculadas a situaciones concretas que nos hayan ocurrido en el pasado.

P La realización es individual.

🕐 Requiere entre 10 y 15 minutos.

✐ Papel y lápiz.

📖 El ejercicio consiste en que te esfuerces en focalizar tu atención en ciertas emociones de tu pasado reciente (por ejemplo, los últimos dos años). Para ello señala tres acontecimientos relacionados con estos cuatro ámbitos:

• Un peligro:

• Alguien que te hizo daño:

• Sufrir una pérdida:

• Una satisfacción personal:

Debes saber que

Estos ejercicios son una especie de diario emocional. Atender, anotar y escribir sobre nuestras emociones, reflexionar sobre sus causas y sus consecuencias, ya sea de una forma dirigida o espontánea, nos ayuda a ser más conscientes de nuestros sentimientos y nuestras reacciones ante determinadas situaciones y personas. También nos resulta útil para determinar cuáles son nuestros miedos y fobias más inconscientes e incontrolables.

4. CONOCIMIENTO DE NUESTRAS EMOCIONES

El objetivo de este capítulo es conseguir que la persona
conozca y comprenda sus emociones. En particular, que sepa
distinguir unas emociones de otras, entienda la evolución de sus
estados emocionales y pueda integrar lo que siente
dentro de su pensamiento.

La comprensión emocional va más allá de expresar nuestras emociones y reconocer los sentimientos de las personas. Es un nivel mayor de complejidad que nos permite interpretar el significado de emociones complejas y su vinculación con el contexto y la situación en la que se han generado.

Vamos a presentar diferentes ejercicios que pueden ayudarte a que desarrolles una comprensión más intensa de tu vida emocional.

Puedo escribir los versos más tristes

📁   El objetivo del ejercicio es analizar las emociones que sientes al escuchar o leer unos poemas.

P   La realización es individual o grupal.

🕐   Requiere entre 15 y 20 minutos.

✏   Papel y lápiz.

📖   El ejercicio consiste en analizar las emociones que suscitan unos poemas. Nosotros hemos seleccionado dos poemas concretos, pero se puede hacer con otros diferentes. Debes expresar lo que sientes con tus propias palabras. No lo que crees que deseaba expresar el autor o lo que significan de forma general. Selecciona cinco o seis palabras que describan cómo te has sentido, incluso físicamente. Escríbelas justo después de haber escuchado cada poema.

Este ejercicio se puede hacer individualmente, en soledad o en grupo. Si se hace en grupo, entonces hay que elegir a dos personas para que cada uno lea uno de los poemas. El resto del grupo hace de auditorio.

Los poemas son:

Puedo escribir los versos más tristes esta noche

PUEDO escribir los versos más tristes esta noche.

Escribir, por ejemplo: «La noche está estrellada,
y tiritan, azules, los astros, a lo lejos».

El viento de la noche gira en el cielo y canta.

Puedo escribir los versos más tristes esta noche.
Yo la quise, y a veces ella también me quiso.

En las noches como ésta la tuve entre mis brazos.
La besé tantas veces bajo el cielo infinito.

Ella me quiso, a veces yo también la quería.
Cómo no haber amado sus grandes ojos fijos.

Puedo escribir los versos más tristes esta noche.
Pensar que no la tengo. Sentir que la he perdido.

Oír la noche inmensa, más inmensa sin ella.
Y el verso cae al alma como al pasto el rocío.

Qué importa que mi amor no pudiera guardarla.
La noche está estrellada y ella no está conmigo.

Eso es todo. A lo lejos alguien canta. A lo lejos.
Mi alma no se contenta con haberla perdido.

Como para acercarla mi mirada la busca.
Mi corazón la busca, y ella no está conmigo.

La misma noche que hace blanquear los mismos
    árboles.
Nosotros, los de entonces, ya no somos los mismos.

Ya no la quiero, es cierto, pero cuánto la quise.
Mi voz buscaba el viento para tocar su oído.

De otro. Será de otro. Como antes de mis besos.
Su voz, su cuerpo claro. Sus ojos infinitos.

Ya no la quiero, es cierto, pero tal vez la quiero.
Es tan corto el amor, y es tan largo el olvido.

Porque en noches como ésta la tuve entre mis
    brazos,
mi alma no se contenta con haberla perdido.

Aunque éste sea el último dolor que ella me causa,
y éstos sean los últimos versos que yo le escribo.

CHARLES BUKOWSKI
Como una flor bajo la lluvia

Me corté la uña del dedo
del medio
de la mano derecha
bien corta
y empecé a sobarle el coño
mientras ella estaba sentada en la cama
poniéndose crema en los brazos
la cara
y los pechos
después de bañarse.

Entonces encendió un cigarrillo:
«Tú sigue»,
y fumó y continuó poniéndose
    crema.
Yo continué sobándole el coño.
«¿Quieres una manzana?», le pregunté
«Bueno», dijo, «Tú vas a comer una?».
Pero fue a ella a quien me comí...
Empezó a girar,
después se puso de lado;
se estaba humedeciendo y abriendo
como una flor bajo la lluvia.
Después se puso boca abajo
y su hermosísimo culo
se alzo ante mí
y metí la mano por debajo
hasta el coño otra vez.
Estiró un brazo y me cogió
la polla, giró y se volvió.
Me monté encima.
Hundía la cara en la manta
de pelo rojo
derramada alrededor de su cabeza
y mi polla tiesa entró
en el milagro.
Más tarde bromeamos sobre la crema
y el cigarrillo y la manzana.
Después salí a la calle y compré pollo
y gambas y patatas fritas y bollitos
y puré y salsa y
ensalada de col, y comimos, ella me dijo
lo bien que lo había pasado y yo le dije
lo bien que lo había pasado y nos comimos
el pollo y las gambas

y las patatas fritas y los bollitos
y el puré y la salsa
y hasta la ensalada de col.

Te recomendamos

Si el segundo poema resulta un poco fuerte para el grupo por su edad u otro motivo, puedes cambiarlo perfectamente por uno diferente. Cuando selecciones poemas u otro tipo de relatos ten en cuenta que sean comprensibles para el grupo y que exista un contraste emocional fuerte entre ellos.

Diferencias entre los poemas

Este ejercicio te permite observar el contraste entre las emociones suscitadas por los dos textos. Algunas personas en el primer poema dicen que se sintieron tristes, melancólicas e, incluso, que notaron algunos síntomas físicos como opresión en el pecho o un pequeño escalofrío. A otras, en cambio, les resulta aburrido o no les dice nada en especial.

No todas las personas son sensibles a los mismos estímulos. Por eso es necesario combinar ejercicios con textos, imágenes y sonidos. ¡Alguno de esos estímulos debería funcionar!

El segundo texto provoca emociones muy contrapuestas. En unas personas: sorpresa, vergüenza, pudor, sonrojo… En otras: risa, curiosidad, excitación, deseo, calor… Y, en la mayoría, una mezcla de esas emociones. Esa complejidad (ambigüedad) emocional es muy importante para analizarla y discutirla en el grupo.

Además de analizar las emociones de los que escucharon los poemas, es interesante que se analicen las emociones que sintieron las personas mientras recitaban cada poema.

Imágenes y emociones

☞ El objetivo del ejercicio es analizar las emociones que sientes al observar unas fotografías de diferentes paisajes.

P La realización es individual.

🕐 Requiere entre 5 y 10 minutos.

✎ Papel y lápiz. La escala que se adjunta.

📖 El ejercicio consiste en analizar las emociones que provocan unas imágenes. Nosotros hemos seleccionado unos paisajes, pero se puede hacer con otros motivos. En el ejercicio anterior las personas expresaban lo que sintieron con sus propias palabras. En éste se fuerza a que la persona se sitúe en una escala de emociones dicotómica.

Los paisajes son:

• Foto del desierto

Emoción	Sí	No
Asco		
Enfado		
Felicidad		
Ira		
Miedo		
Sorpresa		
Tristeza		

Escala de emociones

• Foto del relámpago

Emoción	Sí	No
Asco		
Enfado		
Felicidad		
Ira		
Miedo		
Sorpresa		
Tristeza		

Escala de emociones

• Foto del agua y los árboles

Emoción	Sí	No
Asco		
Enfado		
Felicidad		
Ira		
Miedo		
Sorpresa		
Tristeza		

Escala de emociones

Te recomendamos

Si te resulta difícil reconocer y comprender tus emociones con paisajes, inténtalo con otros estímulos como la música.

Películas y emociones

📁 El objetivo del ejercicio es captar las emociones complejas que provocan unas secuencias de películas.

P La realización es en grupo.

🕐 Requiere más de 25 minutos.

✏ Papel y lápiz. La escala de emociones que se adjunta.

📖 El ejercicio consiste en analizar las emociones que provocan unas secuencias tomadas de unas películas comerciales. Nosotros hemos seleccionado unas secuencias, pero se pueden elegir otras dependiendo de la disponiblidad que tengas para acceder a ellas. Entre cinco y seis trozos de película son suficientes, ya que por encima de ese número resulta un poco pesado el ejercicio. Cuando las selecciones trata de que provoquen diferentes tipos de emociones. En este ejercicio debes de nuevo ajustarte a la escala de emociones que te proporcionamos. Ahora con cuatro valores: nada, poco, bastante y mucho.

Películas:

• *La sombra del diablo*. Dirigida por Alan Pakula. Con Harrison Ford y Brad Pitt. La escena inicial en la que un terrorista asesina al padre de Brad Pitt delante de él cuando es pequeño.

	Nada	Poco	Bastante	Mucho
Asco				
Enfado				
Felicidad				
Ira				
Miedo				
Sorpresa				
Tristeza				

Escala de emociones

• *Drácula de Bram Stoker*. Dirigida por Francis Ford Coppola. Con Gary Oldman, Winona Ryder, Keanu Reeves. La escena en la que Keanu Reeves es seducido en el castillo de Drácula por tres vampiras.

	Nada	Poco	Bastante	Mucho
Asco				
Enfado				
Felicidad				
Ira				
Miedo				
Sorpresa				
Tristeza				

Escala de emociones

• *Seven*. Dirigida por David Fincher. Con Brad Pitt y Morgan Freeman. La escena en la que los detectives (Brad Pitt y Morgan Freeman) entran en una habitación oscura y maloliente y descubren un cadáver inmovilizado en la cama con ataduras: el pecado es la pereza.

	Nada	Poco	Bastante	Mucho
Asco				
Enfado				
Felicidad				
Ira				
Miedo				
Sorpresa				
Tristeza				

Escala de emociones

• *Eyes wide shut*. Dirigida por Stanley Kubrick. Con Tom Cruise y Nicole Kidman. La escena en la que los protagonistas discuten en su dormitorio sobre los celos y ella le narra una fantasía que tuvo con otro hombre.

	Nada	Poco	Bastante	Mucho
Asco				
Enfado				
Felicidad				
Ira				
Miedo				
Sorpresa				
Tristeza				

Escala de emociones

• *Bugs Bunny*. El conejo de Sevilla. Dirigida por Charles M. Jones. Parodia del barbero de Sevilla en la que Bugs Bunny se burla una vez más de Porky, que trata de cazarlo.

	Nada	Poco	Bastante	Mucho
Asco				
Enfado				
Felicidad				
Ira				
Miedo				
Sorpresa				
Tristeza				

Escala de emociones

Te recomendamos

Los perfiles emocionales que obtengas para cada película deberían ser distintos. Puede que alguna película no te provoque ninguna emoción (es decir, que contestes *nada* a todas las emociones), pero lo habitual es que alguna de ellas sí te suscite algún sentimiento.

Las personas en este ejercicio

Compara tu perfil emocional para cada película con las del grupo y observa las diferencias con otras personas a la hora de interpretar emocionalmente la secuencia.

Los puentes de Madison

📁 El objetivo del ejercicio es resolver un dilema emocional.

P La realización es en grupo.

🕐 Requiere más de 20 minutos.

✎ Papel y lápiz.

📖 Dilemas emocionales nos encontramos a cada instante en nuestra vida y lo más incómodo de estos dilemas es que no tienen una solución correcta. No se trata de un acertijo de lógica o de un crucigrama. Son elecciones con sus propios costes y beneficios, y cuya valoración es muy subjetiva, muy personal.

Nosotros hemos elegido el dilema emocional que se encuentra en la película *Los puentes de Madison*. En esta historia la protagonista, Meryl Streep –una mujer casada, con dos hijos y con una relación muy apática– se enamora de un fotógrafo, Clint Eastwood, que visita casualmente la ciudad. En un momento muy intenso emocionalmente, ella tiene que decidir si se queda con su marido y su familia o se marcha con su amante. En la película esta situación queda representada visualmente en si abre o no la puerta del coche en el que se encuentra con su marido para salir e irse al coche de Clint Eastwood:

> *Fuera hay una tormenta, llueve a mares y ella se aferra con una tensión terrible al manillar que abre la puerta del coche sin saber qué hacer.*

Se presenta esta secuencia de la película y luego se le pregunta a las personas del grupo qué harían si se encontraran en esa situación y que justifiquen su elección. De forma espontánea se forma un debate en el que se aprecia el contraste entre los que se quedarían y los que se marcharían.

Diferencias de punto de vista entre las personas

Este dilema emocional que tiene la protagonista no tiene una única solución y es imposible valorar cuál de las distintas opciones es la mejor. No obstante, si le preguntamos a un grupo de personas qué haría, nos encontramos con que la comprensión de la situación es muy variada y la justificación de la decisión muy personal.

Si se presenta este dilema a personas entre 18 y 25 años, nos encontramos con que el 80% de las mujeres optaría por irse con su amante. La justificación reside en que no tiene sentido mantener una relación con una persona sin estar enamorado de ella y que la protagonista ha encontrado el verdadero amor y no puede dejar que éste se escape.

La respuesta de los hombres no es tan uniforme y depende de con quién se identifiquen. Muchos responden como el 80% de las mujeres y se marcharían, pero otros se identifican con los hijos de ella y plantean: ¿Cómo se va a ir mi madre con un fotógrafo y dejarnos a mí y a mi padre solos?

En cambio, si se presenta este dilema a personas de más de 35 años y con hijos, nos encontramos con que el 80% de las mujeres optaría por quedarse con su marido y su familia. La justificación ahora es que la pasión desaparece después de un tiempo y no merece la pena sacrificar la familia por ello. No obstante, muchas mujeres matizan la situación y plantean que en el caso extremo de separarse, por supuesto, «no me iría sin mis hijos».

¿Has tenido un dilema emocional recientemente?

Piensa en un dilema emocional que hayas tenido en los últimos años.

- ¿Cómo lo resolviste?

- ¿Qué consecuencias tuvo para ti?

- ¿Y para los demás?

5. REGULAR NUESTRAS EMOCIONES

El objetivo de este capítulo es conseguir que la persona sea capaz de regular y gobernar sus emociones tanto positivas como negativas.

Un conocimiento práctico y real de las emociones implica permitir que las emociones nos afecten y entender cómo reaccionamos de forma espontánea a cada una de ellas. Aprender a reconocerlas y a sentirlas, para después cambiarlas hacia donde deseamos.

Vamos a presentar diferentes ejercicios que pueden ayudarte a que desarrolles una regulación más intensa de tu vida emocional.

¿Qué hago cuando me enfado?

📁   El objetivo del ejercicio es que seas consciente de cómo regulas tus sentimientos de ira, miedo y tristeza.

P   La realización es individual.

🕐   Requiere al menos 15 minutos.

✎   Papel y lápiz. La hoja de registro que se adjunta.

📖   El ejercicio consiste en que te esfuerces en analizar qué hiciste cuando en una situación determinada te sentiste enfadado, con miedo o triste. Trata de recordar qué cosas piensas o haces, y si intentas cambiar tus sentimientos o no. Intenta visualizar la situación que te ocurrió como si estuvieras viendo una película.
Céntrate en qué pensaste y qué hiciste.

• Cuando me irrito es frecuente que:
Piense en:

Haga:

• Cuando tengo miedo trato de:
Pensar en:

Hacer:

54

• Cuando estoy triste suelo:
Pensar en:

Hacer:

Te recomendamos

Que discutas y compartas con otras personas lo que piensas y haces ante estos sentimientos. Podrás comprobar que las estrategias utilizadas son bastante diferentes. Algunas personas son muy evasivas y simplemente ignoran su estado emocional dejando que el tiempo pase y se les olvide de forma espontánea. En cambio, otras personas tras experimentarlas intentan cambiarlas porque les resulta muy incómodo para su vida cotidiana prolongar demasiado tiempo esos sentimientos.

> Nuestros defectos son siempre nuestros mejores maestros: pero con nuestros mejores maestros siempre somos desagradecidos.
>
> *Nietzsche*

Diferencias entre las personas

Las emociones negativas es necesario vivenciarlas y sentirlas en profundidad. No es posible conocernos sin experimentarlas, pero debemos desarrollar estrategias adecuadas para poder modificarlas en un momento concreto cuando no deseemos o no podamos seguir en ese estado emocional por las consecuencias negativas que nos acarrea personal o profesionalmente.

Imagina que te has enterado de que un compañero de tu trabajo ha hecho un comentario despreciativo sobre ti. Tú te enteras y te sientes muy enfadado y, a la vez, triste. Pasan varias horas, ya sabes cómo te sientes, pero aún en tu mente sigues pensando de forma repetitiva sobre lo ocurrido. Estás tan preocupado que no puedes siquiera concentrarte en lo que haces, estás nervioso, decaído como cansado e irritable. ¿Piensas hacer algo o simplemente dejarás que pase el tiempo?

Algo agradable me ocurrió

📂 El objetivo del ejercicio es que recuerdes acontecimientos o situaciones agradables que te han ocurrido para regular tus emociones en positivo.

P La realización es en grupo.

🕐 Requiere al menos 15 minutos.

✏ Papel y lápiz.

📖 El ejercicio consiste en que recuerdes tres situaciones, por ejemplo, en tu trabajo, en la que te hayan dicho algo agradable sobre tu labor como profesional.

Debes exponerlas en público y narrar con detalle cómo te sentiste en ese momento. Debe repetirse el ejercicio con varias personas para observar las diferencias entre ellas.

El resto del grupo hace de público y puede intervenir y hacer comentarios sobre las situaciones que vayan siendo expuestas.

• Situación 1:

• Situación 2:

• Situación 3:

Te recomendamos

Si alguna persona dice que no encuentra una situación agradable, le decimos que se esfuerce un poco más. ¡Seguro que si la busca la encontrará! Todos hemos tenido situaciones en las que alguien nos ha mostrado su admiración o respeto por nuestro trabajo.

Este ejercicio genera un estado emocional positivo producido por el recuerdo de esas situaciones agradables. Es una buena estrategia a utilizar en aquellas situaciones en las que todo lo vemos oscuro y terrible y pensamos que nunca saldremos de nuestro estado emocional de tristeza y desolación.

¿Piensas en azul?

🗁 El objetivo del ejercicio es que sepas reestructurar tus pensamientos y tus sentimientos ante un problema.

P La realización es en grupo.

🕓 Requiere al menos 20 minutos.

✎ Papel y lápiz. La hoja de registro que se adjunta.

📖 El ejercicio consiste en que analices cómo es posible reestructurar y enfocar un problema. Normalmente las personas en su vida lo hacen de forma individual: se fijan en los aspectos positivos y negativos de la situación, aunque sin darles el mismo peso. Como si dos voces internas jugaran en nuestra mente a decidir por nosotros. Vamos a representar esa situación con tres personas que se sientan en tres sillas en línea. La persona que se sienta en medio expone un problema que tenga. Por ejemplo: *No me va bien en el trabajo con los compañeros.*

La persona sentada a su derecha deberá hacer comentarios negativos y destructivos sobre la situación. Lo denominaremos pensar en **negro**:

• Siempre has sido una persona muy conflictiva.
• Sería mejor que te cambiaras a un trabajo en el que no estuvieras en contacto con personas.
• Es raro que, con el carácter que tienes, no te haya ocurrido antes.
• En el colegio también te pasaba lo mismo.

La persona sentada a su izquierda deberá hacer comentarios positivos y constructivos sobre la situación. Lo denominaremos pensar en **azul**:

- Eres una persona sociable y educada y podrás enfrentarte a esta situación.
- Siempre has sabido solucionar los conflictos.
- Este trabajo te encanta y tienes que esforzarte en mantenerlo.
- A veces uno está más irritable, pero seguro que puedes hablar con ellos y explicárselo.

El resto del grupo hace de público.

Te recomendamos

Si las personas que hacen los comentarios se quedan sin argumentos, se admite la intervención de los miembros del grupo con sugerencias.

Comprobarás que los comentarios negativos surgen con mayor facilidad que los positivos, al igual que ocurre en nuestra propia mente. Por ello debemos esforzarnos por buscar alternativas positivas a nuestros problemas cotidianos. Los pensamientos negativos circulan por autopistas de pago y los pensamientos positivos y constructivos por carreteras secundarias.

Diferencias entre las personas

No obstante, observarás que en tu grupo algunas personas tienen más facilidad que otras para buscar alternativas positivas. Su habilidad para la construcción de emociones positivas está más desarrollada. Es interesante trabajar con más ejercicios con aquellas personas que tienen dificultades para buscar alternativas positivas para que amplíen su habilidad.

> Estando siempre dispuestos a ser felices, es inevitable no serlo alguna vez.
>
> *Blaise Pascal*

6. PERCEPCIÓN EMOCIONAL INTERPERSONAL

El objetivo de este capítulo es dotar a la persona de habilidades para conseguir identificar emociones en otros individuos. La identificación de estados emocionales en otras personas es un paso previo para lograr unas relaciones sociales satisfactorias.

La atención a las expresiones faciales de otros individuos nos permite identificar estados emocionales, lo que puede facilitar las relaciones sociales y nos ayuda a emitir respuestas empáticas frente a nuestro interlocutor.

Vamos a presentar diferentes ejercicios que pueden ayudarte a identificar estados emocionales a partir de la expresión facial de otros individuos.

¿Sabes qué emoción estoy expresando?

📁   El objetivo del ejercicio es incrementar la destreza para identificar emociones a partir de expresiones faciales.

P   La realización es individual.

🕒   Duración aproximada de 30 minutos.

✏   Papel y lápiz. Televisor, vídeo y auriculares.

📖   El ejercicio consiste en identificar las emociones que provocan unas secuencias de películas en el espectador. Nosotros hemos seleccionado algunos fragmentos, pero se pueden elegir otros dependiendo de la disponibilidad que tengas para acceder a ellos. Aproximadamente tres trozos de película son suficientes, ya que por encima de ese número resulta un poco pesado el ejercicio y puede resultar compleja su realización. Es aconsejable que las películas seleccionadas susciten en el receptor diferentes tipos de emociones. En este ejercicio debes ajustarte a la escala de emociones que te proporcionamos.

1. Un participante (A) observará con atención distintos fragmentos de películas de duración similar. La TV estará de espaldas al resto del grupo y el participante (A) verá las películas con unos auriculares.

2. El grupo observará las expresiones faciales de (A) pero no las imágenes ni el sonido de la película.

3. Todos los participantes observarán a continuación los mismos fragmentos de película que observó el participante (A) pero en distinto orden y atenderán a su contenido emocional poniendo especial interés en las emociones que suscitan los diferentes fragmentos observados.

4. La tarea final consiste en que los participantes sean capaces de adivinar el orden en el que fueron presentadas las películas al primer participante.

Películas:

• *Pretty Woman.* Dirigida por Garry Marshall. Con Richard Gere y Julia Roberts. La escena final en la que va a buscarla a su casa.

	Nada	Poco	Bastante	Mucho
Asco				
Enfado				
Felicidad				
Ira				
Miedo				
Sorpresa				
Tristeza				

Escala de emociones

• *El club de los poetas muertos.* Dirigida por Peter Weir. Con Robin Williams, Robert Sean Leonard, Ethan Hawke, Josh Charles. La escena final cuando recoge su material y los alumnos muestran su afecto subiendo a las mesas, ante el enfado del profesor.

	Nada	Poco	Bastante	Mucho
Asco				
Enfado				
Felicidad				
Ira				
Miedo				
Sorpresa				
Tristeza				

Escala de emociones

• *Acusados*. Dirigida por Jonathan Kaplan. Con Jodie Foster. La escena en la que la protagonista es violada por un grupo de chicos en un bar de copas.

	Nada	Poco	Bastante	Mucho
Asco				
Enfado				
Felicidad				
Ira				
Miedo				
Sorpresa				
Tristeza				

Escala de emociones

Las personas en este ejercicio

Dependiendo del grado de expresividad del observador el ejercicio será más sencillo o complejo. Se recomienda que la persona que visualice los fragmentos de las diferentes películas sea lo suficientemente expresiva para que los observadores puedan discriminar diferentes estados emocionales y por tanto precisar ante qué película se generaron determinado tipo de expresiones emocionales.

¿Qué emoción se expresa en la fotografía?

📁 El objetivo de este ejercicio es aumentar la destreza para identificar emociones a partir de expresiones faciales.

P La realización es individual.

🕐 Requiere más de 20 minutos.

✏️ Papel y lápiz. La escala de emociones que se adjunta.

📖 Debes observar atentamente las fotografías que se presentan y tratar de identificar las emociones que en ella se expresan. Para facilitar el ejercicio puedes utilizar la escala de emociones que te proporcionamos.

Te recomendamos
Analiza las claves contextuales que puedes tener en cuenta para identificar correctamente las emociones presentadas.

1. Labios tensos o abiertos en ademán de gritar (Emoción de Ira)
2. Labios en tensión en ocasiones boca abierta (Emoción de Miedo)
3. Descenso de la comisura de los labios (Emoción de Tristeza)
4. Descenso de la mandíbula (Emoción de Sorpresa)
5. Elevación del labio superior generalmente asimétrica (Emoción de Asco)
6. Comisura labial retraída y elevada (Emoción de Alegría)

Expresión de sentimientos:				
positivos				
negativos				
no expresa sentimientos				
Orientación:				
Aproximación				
Evitación				
Labios:				
Tensos o abiertos en ademán de gritar				
Labios en tensión, en ocasiones boca abierta				
Descenso de la comisura de los labios				
Descenso de la mandíbula				
Elevación del labio superior generalmente asimétrica				
Comisura labial retraída y elevada				

Escala de identificación de emociones

¿Qué relación existe entre estas personas?

🗁 El objetivo del ejercicio es desarrollar tu destreza para determinar el tipo de relación existente entre los individuos a partir de claves contextuales. Para ello has de prestar atención a su expresividad emocional así como a la orientación de los individuos que te presentamos.

P La realización es individual.

🕒 Requiere aproximadamente 20 minutos.

✎ Papel y lápiz.

📖 A continuación se exponen unas fotografías donde podrás ver a parejas interactuando. Determina el tipo de relación que existe entre dichas personas. Concretamente, si mantienen o no mantienen una relación sentimental. Para ello debes hacer uso de las claves contextuales y emocionales que aparecen en dichas fotografías siguiendo las recomendaciones que se ofrecen a continuación.

FOTO 1

FOTO 2

FOTO 3

FOTO 4

	SÍ mantienen una relación sentimental	NO mantienen una relación sentimental
FOTO 1		
FOTO 2		
FOTO 3		
FOTO 4		

*Te recomendamos**

Analiza las claves contextuales que puedes tener en cuenta para identificar correctamente el tipo de relación existente entre estas personas. Cuando la fotografía exprese cercanía entre las personas es más probable que exista entre ellas una relación sentimental.

1. Actitud de relajación corporal: si está relajado o si no lo está.

2. Ángulo de inclinación de la cabeza: si están o no inclinados en dirección de la persona con la que se posa en la foto, o si esta postura es neutral.

3. Ángulo de inclinación del cuerpo: si se inclinan o no hacia la persona con la que posaron en la foto.

4. La posición de los brazos: si se trata de una posición de protección o neutral.

---

* Véase la respuesta correcta en la página 71.

Identificar mentiras

📁   El objetivo del ejercicio es identificar las claves contextuales que nos ayuden a detectar mentiras en el interlocutor.

P   La realización es en grupo.

🕓   Requiere aproximadamente 30 minutos.

✐   Papel y lápiz.

📖   Una persona del grupo se sienta frente a sus compañeros y narra diversas historias, algunas de las cuales son falsas. El resto del grupo deberá decidir en cada caso si la historia contada es verdadera o falsa. Para ello los compañeros podrán hacer uso tanto de la información verbal como de la no verbal.

Te recomendamos

Existen una serie de claves contextuales a las que debes prestar atención. Estas claves pueden ser importantes para ayudarte a realizar el ejercicio.

A nivel no verbal algunos de los marcadores que puedes utilizar incluyen; rascarse la nariz, evitar mirar a los ojos del interlocutor, mover manos y piernas con nerviosismo. De todas formas, es importante tener en cuenta que los marcadores no verbales no pueden interpretarse de forma fija. Una persona podría, por ejemplo, evitar mirar a los ojos de su interlocutor por timidez y no necesariamente porque esté expresando una mentira.

A nivel no verbal también existen unas claves que pueden ser tenidas en cuenta a la hora de identificar mentiras. Así las personas que mienten normalmente eluden los detalles secundarios porque su mente ya hace un gran esfuerzo para construir una historia coherente. Además suelen evitar las palabras "yo" y "mí", en cierta forma intentan separarse de la historia falsa que están contando. Además, cuando las personas mienten expresan más emociones negativas, palabras que pueden expresar enfado y temor, y que si la historia fuera cierta utilizarían con menos frecuencia.

Respuesta correcta de la práctica 4

	SÍ mantienen una relación sentimental	NO mantienen una relación sentimental
FOTO 1		X
FOTO 2	X	
FOTO 3	X	
FOTO 4		X

7. COMPRENDER A LOS DEMÁS: EMPATÍA

El objetivo de este capítulo es que mejores tu capacidad para comprender a otros individuos desarrollando aquellas destrezas relacionadas con la empatía.

La claridad emocional es una destreza que permite al individuo conocer las emociones que experimentan otros individuos, lo que implicaría prestar gran atención no sólo al discurso verbal de la otra persona, sino también a las expresiones no verbales que a menudo manifiestan gran parte de la información que desea transmitir nuestro interlocutor.

> ¡Cualquiera puede simpatizar con las penas de un amigo; simpatizar con sus éxitos requiere una naturaleza delicadísima!
>
> *Oscar Wilde*

Vamos a presentar diferentes ejercicios que pueden ayudarte a que desarrolles tu capacidad para identificar emociones en otros individuos.

Descubre a tu compañero

🗂 El objetivo del ejercicio es que seas consciente de cómo tus pensamientos, ideas y valoraciones del entorno pueden distorsionar la información que recibes de otra persona.

P La realización es en pareja.

🕒 Requiere aproximadamente 20 minutos por interacción.

✎ Papel y lápiz.

📖 Dos personas se colocan de frente. Una de ellas deberá observar con atención el comportamiento y expresiones de la otra. El observador atenderá en un primer momento a toda la *información que le llega a través de sus sentidos* (ej., veo, huelo, oigo, toco), así como a la información que recibe de forma interna (ej., sensaciones físicas, sentimientos). En un segundo momento, la persona que observa debe comunicar la *información que pertenece al mundo de lo imaginativo*, pensamientos, recuerdos, valoraciones, comparaciones (ej., imagino que esta situación te pone nerviosa, me recuerdas a una persona que conocí hace tiempo). Para finalizar es importante que ambas fuentes de información se fundan en una, así *conjugamos la información procedente de los sentidos con aquella otra, fruto de nuestra imaginación* (ej., veo que juegas con el anillo y por tanto imagino que estás nerviosa).

Te recomendamos

Que realices el ejercicio frente a un moderador que os ayude a distinguir la información que responde a vuestras percepciones directas, de aquella otra que surge en vuestra imaginación.

Adivina si soy liebre o tortuga

☞ El objetivo del ejercicio es identificar diferentes estilos de comportamiento entre las personas. Exactamente distinguir entre un estilo impulsivo frente a otro inhibido. Comprender qué rasgos caracterizan a dichos estilos, así como los problemas más frecuentes asociados a los mismos.

P La realización es en grupo.

🕒 Requiere al menos 15 minutos.

✐ Papel y lápiz.

📖 El coordinador explica brevemente los diferentes estilos de comportamiento, señalando cómo existen personas que se comportan de manera más pausada (**la tortuga**, *Estilo Inhibido*) frente a otras que se muestran más aceleradas (**la liebre**, *Estilo Impulsivo*). Cada participante piensa por unos minutos en sí mismo y a qué grupo podría pertenecer. Cuando haya tomado la decisión lo escribe en un papel sin que sus compañeros lo vean.

El resto del grupo debe adivinar a qué grupo se asignó cada participante. En cada caso el participante y el grupo deben exponer las razones por las cuales se ubicó o lo ubicaron como persona pausada o acelerada. Será especialmente importante analizar los casos en los que existe discrepancia entre cómo se ve la persona a sí misma y cómo lo ve el resto del grupo.

Te recomendamos

Que realices el ejercicio frente a un moderador que os ayude a distinguir las diferencias entre un estilo de comportamiento impulsivo y otro inhibido. Además es importante que esta persona sepa manejar correctamente las discrepancias que puedan surgir entre los participantes.

Diferencias entre las personas

Las personas con un *estilo de respuesta impulsivo* se caracterizan por tener un tiempo de respuesta muy rápido, lo que les puede llevar a cometer errores. Tienen una inadecuada percepción del tiempo, lo que impide una organización adecuada de las tareas que se proponen. Suelen pasar por alto detalles, lo que les lleva en ocasiones a comportarse de manera desconsiderada con otros individuos. En general, estas personas suelen tener una baja tolerancia a la frustración.

Las personas con un *estilo de respuesta inhibido* se caracterizan por tener un tiempo de respuesta más lento. Son más reflexivos, analizan los detalles antes de dar una respuesta y suelen requerir más tiempo para actuar y responder.

Con respecto al autocontrol o capacidad de postergar la satisfacción inmediata de las necesidades, las personas impulsivas suelen manifestar un déficit mientras las personas inhibidas suelen manifestar un exceso de autocontrol.

Leer entre líneas

📁   El objetivo del ejercicio es aprender a analizar la concordancia entre lo que se dice y cómo se dice.

P   La realización es en parejas.

🕐   Requiere aproximadamente 20 minutos.

✎   Papel y lápiz.

📖   El moderador del grupo elige a dos personas con alta capacidad de expresión para llevar a cabo el ejercicio. Pide a una de ellas que cuente un suceso triste pero lo haga con una expresión divertida («como si se sintiera feliz»). El compañero, por el contrario, debe contar algo alegre pero con una expresión de tristeza ("sin sonreír, con voz apagada y cara triste"). Finalmente, cada persona vuelve a contar la experiencia pero en este caso mostrando concordancia entre lo dicho, la expresión facial y la forma de narrarlo.

Se establecerá un debate a fin de determinar en qué caso escucharon con más atención y comprendieron mejor lo que cada persona estaba transmitiendo.

Te recomendamos

Es importante tener en cuenta que la comprensión de los demás no depende exclusivamente de lo que dicen sus palabras, sino también de la mirada, el tono de la voz, la distancia y las expresiones faciales y motoras. Es importante tener en cuenta las discrepancias que pueden existir entre lo que narramos y la expresión que trasmitimos

Diferencias entre las personas

Existen personas que de manera natural se muestran muy concordantes a nivel verbal y no verbal, lo que les facilita la interacción con otras personas.

De especial interés es el hecho de cómo personas que normalmente manifiestan un nivel adecuado de concordancia, a la hora de narrar un suceso concreto pueden manifestar discrepancia entre lo que dicen y su forma de comunicarlo. En estos casos es importante indagar en el significado de dicha discrepancia; es posible que nos hallemos en algún punto conflictivo o no muy bien resuelto.

8. REGULAR
LAS EMOCIONES
EN LOS DEMÁS

*El objetivo de este capítulo es conseguir que
la persona sea capaz manejar de forma adecuada
las emociones de otros individuos.*

Existen dos destrezas básicas e indispensables para llegar a las emociones del interlocutor y que por tanto permiten regular las emociones en otros individuos. Concretamente la escucha activa y la comunicación emocional son herramientas que favorecen la regulación de las emociones ajenas.

Vamos a presentar diferentes ejercicios que pueden ayudarte a que desarrolles tu capacidad para regular emociones en otras personas.

Escucha Activa

🗁   El objetivo del ejercicio es ayudarte a escuchar de forma precisa el mensaje de tu interlocutor.

P   La realización en grupo (máximo ocho personas).

🕐   Requiere aproximadamente 30 minutos.

✎   Atención activa al discurso de los participantes.

📖   El grupo decide un tema sobre el que establecer un debate (si el tema elegido suscita polémica la escucha será más difícil, de forma que puede ser adecuado ir de temas simples a otros de naturaleza más compleja).

Cada participante pedirá su turno aunque el moderador del grupo también podrá decidir quién expresa sus opiniones sobre el tema en cada momento. La única instrucción que no puede ser vulnerada es que antes de expresar su opinión cada participante deberá recordar lo dicho por el compañero anterior.

Es importante que tanto el moderador del grupo como la última persona en expresar la opinión expresen si el mensaje fue correctamente comprendido y escuchado.

Te recomendamos

Que prestes una gran atención a lo que comenta el resto de tus compañeros y no te distraigas con tu "diálogo interno".

Diferencias entre las personas

Normalmente, al escuchar a otras personas tendemos a pensar en lo que diremos a continuación, en el momento en que la otra persona deje de expresar su punto de vista. Esto supone un gran obstáculo para la escucha e impide realmente llegar a conocer los sentimientos y pensamientos de las personas que nos rodean.

Mantener la atención del interlocutor

📁 El objetivo del ejercicio es ser capaz de regular nuestras propias emociones, así como la de aquellas personas con las que nos relacionamos.

P Tres personas realizarán el ejercicio y el resto del grupo observará la interacción.

🕐 Requiere aproximadamente 20 minutos.

✏ Papel y lápiz.

📖 En este ejercicio dos personas (A y C) compiten por atraer la atención de una tercera persona que se colocará justo en el centro de ambas (B). Es importante que la persona (A) se comporte como si la persona (C) no existiera, y a la inversa. Respecto a la persona que ocupa el lugar central (B), prestará atención a ambas personas, pero el único criterio que empleará es el de escuchar a aquella persona cuyo discurso o forma de expresión suscite más su interés.

El resto del grupo actúa como observador respondiendo a las siguientes cuestiones:

1. ¿Cuál es la mejor forma de atraer la atención de la persona (B)?

2. ¿Cómo se sintió (B) durante el ejercicio y cómo respondió a la situación?

3. ¿Cómo se comportaron las personas (A y C) para atraer la atención de (B)?

4. ¿Cómo se comportaron las personas (A y C) al ser ignoradas? Explica tu respuesta.

Te recomendamos

Que una vez finalizado el ejercicio profundices en los sentimientos experimentados por las personas que tomaron parte activa del mismo e indagues en las razones o explicaciones que dan a sus formas de comportarse.

Diferencias entre las personas

Las personas al ser ignoradas pueden responder con un *estilo de respuesta pasivo* (guardando silencio, bajando la mirada, con risas que expresan timidez...) aunque también pueden responder con un *estilo de respuesta agresivo* (alzando la voz, tocando físicamente a la persona del centro, poniéndose en pie...). Es importante analizar ambos estilos de interacción y determinar a qué obedecen.

Convertirse en el espejo de nuestro compañero

🗁   El objetivo del ejercicio es ser consciente de cómo nuestros compañeros nos perciben en la interacción, al comunicar información relevante.

P   La realización es en parejas.

🕓   Requiere aproximadamente 25 minutos.

✎   Observar atentamente la interacción entre personas.

📖   Uno de los miembros de la pareja cuenta a su compañero algún aspecto de su vida que le resulte de especial interés. Podría ser algún acontecimiento vivido en el que describa tanto lo ocurrido como las emociones experimentadas. A continuación el observador tratará de imitarle usando el mismo tono de voz, las pausas así como la comunicación no verbal. Tratará de ser lo más fiel posible al discurso de la otra persona.

Te recomendamos

Escucha atentamente a tu compañero, trata de no sancionar con tus gestos su discurso y no te preocupes si pierdes detalles al respecto de lo que te está comunicando.

Si tu papel es el de comunicador, trata de ser franco en la comunicación y expresa lo que sientes y piensas de manera espontánea. A continuación se establecen algunas pautas a seguir en caso de necesitar revelar tus emociones y no tener muy claro cómo hacerlo.

• Tómate un tiempo para seleccionar aquellos ambientes en los que te sientas cómodo hablando de tus emociones.

- Si no estás acostumbrado a comunicar tus emociones hazlo de forma gradual, empieza por situaciones sencillas y luego avanza a otras en las que te encuentres más implicado emocionalmente.
- Permite un tiempo para expresar tus emociones, si no sueles hacerlo te resultará mas complicado en los primeros momentos.
- Aprende a distinguir entre las personas, selecciona a aquéllas con las que es sencillo y agradable hablar de tus sentimientos.

Diferencias entre las personas

A menudo las personas, al comunicar situaciones experimentadas, transmitimos una imagen de nosotros mismos de la que no siempre somos conscientes. Es posible que una persona esté comunicando algo muy importante y significativo y sin embargo dé la impresión de que es algo que carece de interés.

Este ejercicio es de especial importancia para descubrir la manera en la que interactuamos con otras personas así como los sesgos que podemos tener al escuchar el diálogo de nuestro interlocutor. La comunicación es un proceso activo donde las dos partes se influencian recíprocamente.

9. ESCRIBIR EXPRESANDO LAS EMOCIONES

NATALIO EXTREMERA PACHECO

> *El objetivo de este capítulo es dotar a la persona de habilidades propias para conseguir una revelación emocional escrita eficaz que le permita hacer frente a sus problemas cotidianos. En concreto, que sepa cómo, cuándo y dónde desarrollar esta técnica alternativa de expresión emocional para liberar sus sentimientos negativos más íntimos e inconfesables.*

A lo largo de nuestras vidas la mayoría de personas tenemos que enfrentarnos a una serie de experiencias o eventos estresantes que causan un fuerte impacto en nuestro equilibrio psicológico. Algunos son acontecimientos estresantes individuales como pueden ser la ruptura de una relación, la muerte de un ser querido, un accidente de tráfico grave, una violación... En otros casos se trata de eventos traumáticos colectivos como son el despido masivo en una compañía, catástrofes naturales (inundaciones, terre-

> Toda dificultad eludida se convertirá más tarde en un fantasma que perturbará nuestro reposo.
>
> *Frédéric Chopin*

motos, sequías...) o incluso atentados terroristas que conmocionan a toda una ciudad. La forma de encarar estas situaciones va a determinar nuestra salud y felicidad durante los años posteriores. Una de las estrategias de mayor utilidad y además de las más empleadas en nuestras relaciones diarias es la expresión emocional de nuestras preocupaciones e inquietudes a las personas de nuestro entorno. Se trata de una estrategia sencilla, práctica y de socialización que utilizamos casi de forma inconsciente sin percatarnos del efecto estabilizador que ejerce en nuestras vidas aliviando nuestro malestar psicológico. Sin embargo, no siempre es posible expresar nuestros sentimientos más íntimos a nuestros amigos o más familiares cercanos.

Mª José es una chica de 16 años, se quedó embarazada de José Antonio, su novio de 18, y ahora se encuentra en la difícil situación de decírselo a su familia o abortar antes de que ésta note su embarazo. Sus padres son de fuertes convicciones religiosas y morales y no conciben que su hija pueda tener un bebé antes del matrimonio, y menos a su edad. Por esta razón, Mª José, aconsejada por una trabajadora social, ha ido a una clínica para que le practiquen el aborto. Son muchos los pensamientos y sentimientos que pasan por la cabeza de ella y tiene terribles dudas sobre si lo que está haciendo es lo correcto. Sin embargo, sabe que no puede contárselo ni siquiera a su propia madre porque para ella y toda la familia sería una deshonra grandísima, tiene miedo de que si lo cuenta a sus amigas se difunda la noticia, y todo el barrio y el instituto lo sepan y quede "marcada" de por vida. Junto al impacto que supone abortar para una chica de su edad, Mª José debe de cargar con la tortura de no poder contar a nadie todo aquello por lo que está pasando, se encuentra en una situación comprometida, estresante, y sin embargo no tiene a nadie en quien pueda confiar. ¿Qué puede hacer Mª José para tratar de aliviar, en la medida de lo posible, su situación?

Si la decisión final de esta chica es abortar e inhibir toda esta experiencia, junto a las emociones y pensamientos generados, con el objetivo de esconderlos y suprimirlos en lo más profundo de su corazón, es probable que en un período relativamente corto de tiempo empiece a padecer algunos de los numerosos problemas físicos y psicológicos relacionados con el estrés y su supresión. Así, probablemente aparezcan algunos síntomas como cefaleas, insomnio, problemas de asma, aumento del ritmo cardíaco, ataques de pánico, úlceras e incluso puede que toda esta carga cognitivo-emocional afecte a sus relaciones sociales, familiares o de pareja ¿Está Mª José predestinada a ese padecimiento? ¿Tiene alguna vía de escape para liberar esa tensión emocional debida al suceso estresante? ¿Qué puede hacer para dispersar el sinfín de imágenes, recuerdos y emociones que revolotean por su mente?

A lo largo de este capítulo veremos la utilidad de la expresión emocional escrita y cómo ésta no sólo es útil en casos extremos en los que no existen posibilidades reales de contar a nadie nuestros problemas. La técnica es también eficaz y altamente beneficiosa en otras situaciones, quizá menos dramáticas y más cercanas a nuestra vida cotidiana, pero igualmente responsables de nuestro bienestar como son la falta de atención o preocupación de ese amigo por nuestras contrariedades, la ausencia de cariño y atención de unos padres o familiares cercanos, la incapacidad de revelar ciertos hechos a parientes o amigos por miedo a sus críticas y enjuiciamientos, o la poca comprensión de nuestra pareja sentimental en un momento determinado.

Vamos a presentar en este capítulo ejercicios prácticos de expresión emocional escrita junto con todos los pasos necesarios para que su realización conlleve una mejora en el estado de ánimo y en el bienestar en general.

89

Efectos de la expresión emocional escrita en nuestra salud física y mental

Las investigaciones demuestran que transcribir y convertir nuestras experiencias desagradables en palabras producen un efecto positivo en nuestra salud mental, física y social. En concreto, se ha comprobado que el hecho de expresar nuestras emociones en general y, específicamente, a través de la escritura, produce notables mejorías en diversas áreas relacionadas con nuestra calidad de vida. Por ejemplo, los estudios han encontrado que, tras varias sesiones de escritura emocional, se observan estos beneficios:

> Una alegría compartida se transforma en doble alegría; una pena compartida, en media pena.
>
> *Proverbio sueco*

- Un descenso significativo en el número de visitas a médicos y centros hospitalarios, así como efectos beneficiosos sobre nuestro sistema inmunológico, cardíaco y muscular.
- Aunque en un principio la revelación de hechos estresantes puede ser emocionalmente dolorosa, a largo plazo se produce una reducción significativa del estrés, de los síntomas de estrés post-traumático y mejora general en el estado anímico y en la autoestima.
- Aumento en el ajuste social y en la calidad de nuestras relaciones, incrementándose incluso la posibilidad de volver con tu pareja tras una ruptura.
- Un incremento de conductas adaptativas tales como un mayor rendimiento académico en los meses posteriores a la escritura, la obtención más rápida de un nuevo trabajo en empleados despedidos por sus empresas, así como menor absentismo laboral entre funcionarios públicos.

Las razones de estos beneficios saludables mediante la expresión emocional todavía no están del todo claras. Algunos autores afirman que confrontar nuestros asuntos más inquietantes reduce la inhibición emocional provocada por el hecho de no hablar sobre lo que nos preocupa. Por el contrario, otros sostienen que la expresión emocional produce un cambio en la experiencia traumática convirtiendo los pensamientos estresantes en palabras, de modo que acabamos dando sentido y forma a nuestros problemas, facilitando su comprensión y finalmente reduciendo las emociones negativas asociadas. Cualquiera que sea su explicación, la expresión de nuestras emociones es un tema que ha interesado a poetas, filósofos e investigadores a lo largo de muchas generaciones. Incluso parece un tema paradójico: expresar nuestros problemas es bueno para nosotros, pero, al mismo tiempo, si comunicas tus problemas muestras a los demás que no estás pasando por un buen momento.

Haciendo una simple analogía con la ciencia médica, podríamos decir que revelar o expresar nuestras emociones es un proceso comparable a la fiebre que padecemos al caer enfermos. Todos sabemos que el estado febril sirve como un indicador de que nos encontramos mal. Sin embargo, la fiebre es un mecanismo de defensa del organismo contra determinados tipos de virus e infecciones y cuya finalidad es la curación de la persona. Ahora bien, cuando la fiebre continúa más allá de varios días se vuelve ineficaz para la recuperación de la persona y es entonces cuando debemos preocuparnos, ya que probablemente este síntoma forme parte de una enfermedad más grave. El mismo proceso podría otorgarse a la expresión emocional: se trata de un proceso que sirve a la persona para restablecer la normalidad de su vida, disminuir sus preocupaciones y dar sentido a lo sucedido. Ahora bien, cuando la persona sigue expresando reiteradamente sus emociones sobre un problema varias semanas después es muy probable que exista un trastorno psicológico subyacente que requiera los servicios de un especialista.

Pautas necesarias para una expresión escrita eficaz

Para obtener unos resultados óptimos con esta técnica de escritura emocional se aconseja una serie de pautas bien definidas. En este sentido, las investigaciones han mostrado que no sólo con escribir sobre los acontecimientos de nuestra vida tenemos asegurado el sentirnos mejor; debemos cuidar el cómo, dónde, sobre qué y cuánto tiempo vamos a escribir sobre lo que nos preocupa. A continuación te presentamos una serie de consejos útiles para potenciar el efecto positivo de tu revelación:

> Hay que decir
> la verdad,
> no hablar mucho.
>
> *Demócrito*

Tema de escritura

En principio, escribir sobre cualquier tema perturbador puede ser ya un alivio importante. No obstante, los beneficios sobre la salud son mayores cuando se discute sobre asuntos con los que se tiene una relación más actual que sobre aquéllos más alejados en el tiempo. Ahora sí, independientemente del tema elegido, es fundamental no centrarse en los aspectos descriptivos del suceso; es necesario profundizar más allá y hablar sobre las emociones, los sentimientos y las sensaciones más íntimas. Analizar tanto la experiencia objetiva como la emocional y entrelazarlas dando lugar a un texto lleno de sentimientos y afectos personales hacia un hecho concreto y definido. En definitiva, lo importante es que la persona se anime a explorar sus emociones y pensamientos, y no tanto el tema o contenido del mismo.

En la figura 1 puede apreciarse un ejemplo de la diversidad de temas tratados por la gente. Como se observa, la mayoría de las personas revelan problemas relacionados con conflictos interpersonales (en la mayoría de los casos con

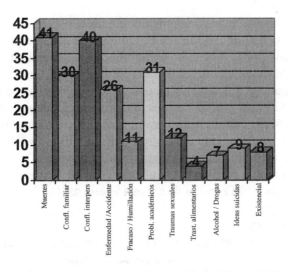

Figura 1. Pennebaker y colbs. (1986; 1988b) N=219

miembros del sexo contrario), la muerte de algún familiar, amigo o incluso mascota, y constantes problemas familiares, ya sea en su modalidad más traumática –divorcio o separaciones–, ya sea en peleas y disputas diarias con la pareja. Igualmente, las personas expresan sus preocupaciones relacionadas con enfermedades crónicas y accidentes graves de amigos íntimos o familiares cercanos, o bien padecimientos y dolencias propias. Por otro lado, puesto que este ejemplo se ha sacado de un estudio con población universitaria, los problemas académicos –peleas con amigos, fracaso académico, nerviosismo ante los exámenes– son también un tema de discusión constante. Es difícil encontrar una persona que no haya vivenciado algo que le produzca un gran malestar, irritación o rabia, vergüenza o una inmensa pena o tristeza. Muchas de las historias sobre sucesos personales revelan engaño, tragedias y miseria. Los sentimientos de horror, miedo y furia aparecen frecuentemente relacionados con abusos sexuales, maltrato o violencia familiar. La desesperanza y la soledad por la muerte de un familiar, el traslado a una nueva ciudad durante la niñez o el despido de un trabajo son acontecimientos que también marcan la vida de muchas personas. Junto a ellos, problemas relacionados con el alcohol y el abuso de otras sustancias, ya sea por los propios sujetos o familiares, trastornos alimentarios e ideas suicidas son algunos de los contenidos, aunque pueda sorprender, que la gente tiene en su mente diariamente y que no duda en desvelar una vez inmerso en una sesión de expresión escrita.

Modo y lugar

Escriba siempre que sienta la necesidad, que no pueda expresar sus emociones a un amigo o bien que no encuentre tal amistad para ayudarle en ese momento en que la necesita. Igualmente, no preste atención a las faltas de ortografía, la gramática o la sintaxis. Preocúpese en expresar lo que siente y los motivos que le han llevado a sentirse así. Con respecto al lugar, la escritura será más sincera y beneficiosa si se consiguen unas condiciones idóneas, un ambiente tranquilo, luz tenue, temperatura agradable y con el mínimo de distracciones posibles (buscar un lugar íntimo, si es posible, desconectar lo que pueda distraernos como son teléfonos móviles, timbres, etc.).

Tiempo y duración de la escritura

No parece que haya una relación lineal entre el número de horas o sesiones de escritura y la percepción de bienestar. Es decir, las personas no se sienten mejor cuanto mayor sea el número de sesiones o más tiempo dediquen a escribir sobre sus problemas. Sin embargo, parece que el tiempo que existe entre una sesión y otra sí que afecta a la salud y el bienestar del individuo. Se ha encontrado un mayor bienestar mental y fisiológico si las sesiones de escritura se llevan a cabo de forma intermitente. Por ejemplo, es más favorable y psicológicamente más reconfortante utilizar esta técnica una vez a la semana durante un mes (unas cuatro sesiones), que utilizar la expresión escrita todos los días, ya que permite una mejor asimilación y una comprensión mucho más profunda de lo que nos afecta, los motivos, las causas y sus posibles consecuencias. En cuanto al tiempo, se aconseja escribir de forma moderada sin llegar al cansancio: aproximadamente unos 15 a 20 minutos por sesión.

Diferencias individuales

No hay muchos estudios que muestren que ciertos tipos de personalidad son mejores que otros para obtener beneficios de la escritura. Las personas con propensión a la depresión, ansiedad o neurosis no se encuentran mejor que otras tras expresar sus emociones. Sin embargo, parece que la gente que normalmente no habla sobre sus estados emocionales consigue un mayor grado de bienestar tras escribir sobre sus experiencias que los más extravertidos. Así, personas con gran tendencia a la hostilidad, aquéllas con incapacidad para etiquetar y comprender sus emociones (personas alexitímicas) o los varones en general obtienen mejores resultados mediante la práctica de la escritura. El lector puede preguntarse ¿Y por qué se benefician más los hombres? La explicación es bien sencilla. En nuestra sociedad, lamentablemente todavía existen unos estereotipos sexuales muy marcados que desaprueban la expresión de emociones y sentimientos en los hombres. En otras palabras, como norma general, si un varón expresa continuamente lo que siente, sobre todo emociones negativas, y se queja de lo que le pasa constantemente, las personas que le rodean, y especialmente otros hombres, empiezan a poner en entredicho su hombría, así como esa capacidad tan masculina de aguantar el sufrimiento. Por tanto, ante esta estrategia que provoca la expresión desahogada de emociones, los varones experimentan una descarga emocional y fisiológica mayor y más gratificante. En cambio, el efecto en las mujeres, aunque existe, es menor en comparación con el de los hombres, puesto que ellas están más habituadas a expresar sin reservas sus emociones a los demás sin que por ello existan alusiones negativas.

Principales consejos para una expresión emocional escrita eficaz	
Tema de escritura	• Elegir sucesos estresantes recientes más que aquéllos alejados en el tiempo. • Centrarse en la experiencia emocional subjetiva y no sólo en la descripción objetiva del acontecimiento.
Modo y lugar	• No prestar atención a las faltas de ortografía, la gramática o la sintaxis. • Escribir en ambientes tranquilos, luz tenue, temperatura agradable y sin sonidos ni ruidos de fondo.
Tiempo y duración	• Escribir de forma intermitente y no todos los días, por ejemplo, una vez a la semana durante un mes. • Se aconsejan sesiones de entre 15 y 20 minutos de duración.
Diferencias individuales	• Los efectos son más positivos en personas con problemas frecuentes de inhibición emocional ante los demás (hombres, personas alexitímicas y sujetos hostiles y/o antisociales).

Distinción de relatos de bajo y alto nivel emocional

🗁 El objetivo del ejercicio es aprender a distinguir y utilizar el estilo de escritura emocional característico de las personas que consiguen con esta técnica una buena salud mental y física.

> Es más fácil negar las cosas que enterarse de ellas.
>
> *Mariano José de Larra*

P La realización es individual.

🕒 Requiere 5 minutos.

✎ Lápiz y los relatos siguientes.

📖 El ejercicio consiste en analizar los siguientes relatos. Nos gustaría que te centraras en descubrir el estilo más eficaz de escritura. Examina la estructura, la implicación emocional del relato y reflexiona sobre cómo utilizar este estilo para expresar tus propios sucesos, los pensamientos y emociones asociados que repetidamente surgen en tu mente.

• *Relato 1.*

Vamos a ver. La pared es marrón. El suelo es gris sucio. Hmmmm, hace juego con mis zapatos. Tengo que limpiarlos. Tan pronto como acabe este estudio iré a mi habitación. Prepararé la ropa sucia e iré a la lavandería. No debo olvidarme de los zapatos. ¿De dónde sacaré cambios para las máquinas? Quizá Irene puede prestármelo (compañera de cuarto). He de estar de vuelta a las 7:30. Iré a cenar a las 8:00. Me pregunto qué darán de cenar esta noche.

• *Relato 2.*

> *El dolor que estaba sintiendo era algo que nunca había sentido antes en mi vida. Yo nunca pensé que mi Julia pudiera dejarme. Era como si alguien cogiera mi corazón y exprimiera todos los sentimientos que experimentaba hacia ella. ¿Por qué me ocurre esto a mí? Todo era perfecto entre nosotros. Nosotros lo teníamos todo en el mundo. Nuestro amor era indestructible.*

Te recomendamos

Como habrás percibido, la persona en el primer tipo de relato, denominado relato de bajo nivel, simplemente se limita a narrar descriptivamente su vida sin ningún proceso de auto-reflexión emocional. Sin embargo, los relatos como el segundo, denominados de alto nivel, se caracterizan por una perspectiva más amplia, la reflexión sobre uno mismo, el empleo de palabras emocionales, frases más complejas y la percepción de las emociones. Practica el estilo de escritura del segundo relato y aplícalo para expresar por escrito aquellas situaciones que te preocupan o bien para transcribir al papel esos problemas emocionales que no puedes compartir con nadie.

Las personas en este ejercicio

Las personas que se benefician de la escritura emocional empiezan realizando descripciones pobremente organizadas y, a través de varias sesiones, van progresando a historias mucho más coherentes en los últimos días de escritura. Además, crear paulatinamente narraciones mejor estructuradas es un signo evidente de que el problema esta siendo asimilado y comprendido poco a poco, y tiene mucho más valor terapéutico que realizar historias coherentes desde el principio.

Crea tu propio estilo emocional

🗁 El objetivo de este ejercicio es que empieces a perfeccionar y a interiorizar tu propio estilo narrativo con el fin de obtener los máximos logros psicológicos, sociales y fisiológicos de esta técnica emocional.

> Cuando no se piensa lo que se dice es cuando se dice lo que se piensa.
>
> *Jacinto Benavente*

P La realización es individual.

🕘 Requiere unos 15 minutos.

✐ Lápiz y los siguientes relatos.

📖 El ejercicio consiste en analizar las siguientes narraciones. En esta ocasión se trata de relatos reales de personas que han utilizado esta técnica. Como comprobarás, el primero de los relatos es de alto nivel emocional y ha seguido los consejos para el uso correcto de esta técnica. El segundo relato proviene de una persona que no desea profundizar en sus emociones, bien por el malestar inicial que causa la técnica o bien por miedo al enjuiciamiento. En cualquier caso se trata de un relato típico de una persona que inhibe su expresión emocional y se dedica a realizar descripciones intrascendentes centrándose en detalles sin importancia que le ocurren en su vida.

TEXTO Nº 1

Me siento traicionado, roto, cansado porque me he enterado de algo que pasó hace unos cuantos meses. Mi novia me fue infiel mientras estuve haciendo la mili en otra ciudad. Yo me he enterado por una de sus amigas. Lo peor para mí ha sido que ni siquiera me he enterado por ella. Hace dos días le pregunté, le obligué a contármelo, y lo confesó todo. Sí, ella no quería, estaba ciega aquella noche, porque estaba de juerga, y que se lió con el tío, que pensaba decírmelo, y que me quiere, y que si no me lo dijo fue por miedo a que la dejara y bla, bla, bla...

Yo me fui. Ya no es mi novia, corté con ella, fui irónico, sarcástico, cabrón, le dije las frases más hirientes, las palabras más duras: decepción, engaño, traición, mentira. Eso fue hace un par de días, y esta mañana me he despertado con palpitaciones y llevo todo el día con taquicardia, la mirada perdida y un nudo en la garganta. A decir verdad, escribir todo esto es una putada porque tengo muchas ganas de llorar. En el fondo sé que la quiero. He intentado convencerme a mí mismo de que ahora me voy a hinchar de ligar, que voy a ir a por toda tía que esté medio bien, y lo típico que uno piensa en estas situaciones, pero no puedo olvidar la cara de ella llorando cuando me fui de su casa. Tengo unas inmensas ganas de besarla, abrazarla, llamarla, hacer el amor con ella, pero a la vez no sé si sería capaz de mirarla a la cara sin pensar en que ha traicionado mi confianza hacia ella y ha estado tanto tiempo callándose que se lió con otro tío. Que sí, que vale que lo sienta mucho, y que nunca jamás se le ocurriría hacerlo de nuevo, que me quiere mu-

cho, pero... no creo que pueda ser lo mismo, existir el mismo cariño, no creo que pueda besarla sin acordarme de su... no ya de que estuvo con otro sino de que me falló cuando yo lo había dado todo por ella y le había sido ciegamente fiel (a pesar de presentárseme varias ocasiones para no serlo). Ahora me doy cuenta de lo que significa la palabra amor. La comprensión, la lealtad, el cariño mutuo, la confianza incondicional, todo eso que acompaña una relación y que la hace duradera ha desaparecido de mi vida de la noche a la mañana y tengo que seguir adelante pero.... sin ella.

Y eso que yo a veces creía que no la quería, pensaba que estaba harto de ella, sólo a veces, pero últimamente estábamos tan bien, era todo tan perfecto...

Me gustaría volver con ella, pero sé que, de momento, eso es imposible. No sería capaz. Pero llevo estos días echándola de menos, queriendo abrazarla. Habrá que fastidiarse, digo yo. Ahora será mejor que me centre en los exámenes esperando a que se me pase.

TEXTO Nº 2

Durante la semana me dedico a hacer diversas cosas, voy a clases algunas mañanas además de las tardes (sí, lo sé, parece que soy demasiado estudioso, pero es mentira). Muchas veces no entro a clase porque no hace mucha falta para aprobar y la mayoría de las veces la teoría viene mejor en los libros que en los apuntes de clase. Después me voy a comer con ¡toa! mi familia, somos 5 hermanos, mis padres y mi abuelo, y algún otro acoplado que muchas veces no sé quién es. Algunas tardes las dedico, algunas a estudiar y otras a realizar diversas actividades: deporte, televisión, visitar a los amigos, gimnasio, cine...

En el gimnasio me gusta bailar salsa, y también practico step y aeróbic. Algunos jueves salgo al centro con los amigos a tomar unas copas y distraerme, pero no muy a menudo. Los fines de semana la cosa cambia, no paro ni un momento. Por la mañana me voy a jugar al fútbol con los amigos, después de comer, unas cervecitas, luego de compras y después te vas a casa contento, te duchas, comes algo y de nuevo de juerga, juerga en serio. A veces se te va la mano con las copas y alguna droguilla (pero sin abusar). Me pego unas pechas de bailar impresionantes (salsa, merengue, funky..). Luego te acuestas de madrugada, te levantas a la hora de almorzar resacoso. Una ducha y por la tarde me voy a tomar un cafelito con los colegas para empezar a recargar pilas para el odioso lunes.

Bueno, tampoco es tan malo, ahora estoy con una tía de la facultad, vamos a ver cómo salen las cosas. Por cierto, estoy superándome: ésta es ya la tercera; como siga así... Tiene el mejor culo que he visto en mi vida, está conmigo en el mismo gimnasio, imagínate cuando se pone a hacer aeróbic para dónde se me van los ojos. Bueno esto básicamente es el funcionamiento de mi vida durante la semana; para mí no está nada mal.

Te recomendamos

Ser sincero contigo mismo si quieres conseguir algo positivo de esta técnica. El estilo narrativo es propio pero la idea de descarga que se observa en el primer relato puede servir gráficamente para conocer el grado de implicación que debes mostrar. Es aconsejable terminar el relato con algo positivo o de reflexión para no acabar con un nivel de tensión elevado. Reflexiona sobre lo que has aprendido de la experiencia, los errores que ya no volverás a cometer, las posibles soluciones al problema o las estrategias de afrontamiento que desarrollarás en un futuro si te encuentras otra vez en esa situación.

Las personas en este ejercicio

Pueden irse por las ramas y saltar de un tema emocional a otro irrelevante. Evítalo en todo momento, céntrate en el tema que te preocupa y analízalo a fondo buscando posibles explicaciones, efectos, consecuencias....

Escribe tus problemas personales

> El hombre no es más
> que la mitad de sí
> mismo. La otra mitad
> es su expresión.
> *Ralph W. Emerson*

📁 El objetivo del ejercicio es conseguir un mayor equilibrio psicológico, descargar los sentimientos y emociones más profundas así como dar una salida verbal a aquellos pensamientos negativos que aparecen continuamente en nuestra mente.

P La realización es individual.

🕓 Requiere entre 15 y 20 minutos, una vez a la semana durante un mes.

✏ Papel y lápiz. Las hojas que se adjuntan para cada sesión. En caso necesario podrán utilizarse tantos folios adicionales como se necesiten.

📖 Debes expresar tus emociones y sentimientos más profundos sobre algún tema personal inquietante para ti. Para alcanzar una confrontación eficaz, practica los consejos que hemos propuesto hasta aquí sobre el modo de escribir y los condicionamientos temporales y de lugar. Relájate y toma papel y lápiz (algunos prefieren ponerse ante un ordenador y utilizar el procesador de texto, ya que escriben más rápido y las ideas surgen con mayor facilidad), recuerda ese acontecimiento que eres incapaz de contar a nadie y que te ha afectado a ti o a tu vida en general y, ante todo, déjate llevar por las fluctuaciones de tu mente, sin represión ni inhibición de ningún tipo. Explora tus emociones y pensamientos más íntimos. Analiza cómo el problema te ha afectado en tus relaciones con los demás, incluidos tus padres, pareja, amigos o familiares cercanos, cómo ha afectado a tu pasado, tu presente o futuro, o cómo eras antes, te gustaría ser o eres ahora. Escribe una vez por semana durante un mes sobre el tema durante un período de 15 a 20 minutos.

Te recomendamos

Utilizar un estilo lingüístico en el que prevalezcan palabras referidas a emociones positivas (ej., felicidad, alegría), un uso moderado de palabras referentes a emociones negativas (ej., tristeza, enfado) y, por último, un mayor uso, conforme avanzan las sesiones, tanto de palabras causales (ej., razonar, concluir) como de palabras de "insight" o reflexión (ej., comprender, darse cuenta). Este estilo narrativo es característico de las personas que obtienen mejores resultados en salud física y en bienestar emocional tras la utilización de la expresión escrita. Cuando realices todas las sesiones sería interesante que releyeras los distintos escritos para comprobar la evolución de los relatos, el grado de comprensión del problema, y, en definitiva, el nivel de madurez psicológica alcanzado debido a su asimilación. Seguro que quedarás sorprendido de cómo escribir tus problemas en un papel, si bien no puede cambiar los sucesos ya ocurridos, puede ayudarte a ser más feliz y a aprender de la experiencia.

Las personas en este ejercicio

Al terminar el ejercicio las personas suelen sentirse algo tensas, tristes o deprimidas como consecuencia de la descarga de esos recuerdos dolorosos o angustiosos. No te preocupes, se trata de un proceso normal. Estas emociones suelen desaparecer pasadas unas horas y rara vez sobrepasan un día. No obstante, al día siguiente la mayoría de personas experimentan una sensación de bienestar, alivio y felicidad tras la escritura.

Advertencias

Todo lo comentado hasta aquí ha sido apoyado por una larga lista de investigaciones científicas. Escribir sobre tus emociones y pensamientos puede mejorar tu salud física y hacerte sentir mentalmente más relajado. No obstante, es necesario no caer en un excesivo entusiasmo, ser realistas y no hacer uso de este ejercicio para solucionar cualquier problema de nuestra vida. Para evitar posibles confusiones pasamos a delimitar brevemente las fronteras en el uso de esta técnica. En la siguiente tabla se exponen las recomendaciones más importantes.

ADVERTENCIA
• No se recomienda utilizar este método como sustituto del apoyo social debido a las múltiples vías de amortiguación del estrés que aporta el hablar con amigos o familiares (atención, amistad, apoyo, consejo, perspectiva objetiva o mantenimiento de la autoestima entre otras).
• Esta técnica tampoco debe ser utilizada como sustituta de la acción o como una estrategia de evitación de los problemas diarios. Si hay una situación conflictiva y podemos actuar para solucionarla, quizá ésa sea la mejor estrategia para acabar para siempre con nuestros problemas.
• No utilizar esta técnica como sustituto de la terapia. Si usted o un amigo cree sufrir un problema psicológico agudo, le recomiendo encarecidamente que visite a un profesional de la salud mental.
• Se recomienda utilizar esta técnica alternativa de expresión emocional cuando ante la presencia de un problema afectivamente inquietante, no contemos con una red de amigos disponibles, no sea posible revelar ese suceso por no ser socialmente aceptados o bien nuestros amigos nos den la sensación de no querer seguir escuchando nuestros problemas. En estos casos la confrontación escrita es la mejor opción.
• En definitiva, en las circunstancias apropiadas, la utilización racional de la expresión escrita puede mejorar en muchos de nosotros nuestra calidad de vida, es una forma de mantenimiento preventivo y como tal debemos valorarla.

Narración

SESIÓN Nº 2
SEGUNDA SEMANA
FECHA:
SUCESO:

Narración

Narración

Narración

10. ABUSO SEXUAL

Rocío Alcaide Vives

Este capítulo se dirige a las víctimas de abuso sexual para que aprendan a manejar y afrontar los sentimientos que les ha generado, y también a aquellos que pretenden ayudar y apoyar a los niños y niñas que han sufrido abuso sexual.

¿Cuándo estamos ante un abuso sexual?

Contestar a esta pregunta es muy fácil a veces: si un hombre viola a una niña de tres años, todos afirmarían que se ha producido un abuso. Sin embargo, en otras es bastante complicado, por ejemplo:

> ¿Es abuso la relación entre una niña de 14 años y un adulto?
> ¿Es abuso un juego sexual entre dos niños de la misma edad, en el que uno obliga al otro a tocarle?

Para dar respuestas hay que tener en cuenta si ha habido coacción y que haya una diferencia de edad significativa entre la víctima y el agresor. Una definición bastante aceptada es: "Ocurrencia de un acto sexual directo o indirecto perpetrado sobre el menor por parte de otra persona. El menor en dicha situación no puede dar su consentimiento por su condición dependiente" o "Cualquier clase de contacto sexual con una persona menor de 18 años por parte de un adulto desde una posición de poder o autoridad sobre el niño".

Se ha escrito mucho sobre esto desde distintos campos como el psicológico o el legal intentando cerrar cada vez más la definición, pero quedan cabos sueltos. Con palabras como relación de poder, consentimiento, diferencia de edad, e incluso la misma actividad sexual empieza la controversia y se complica la tarea de saber cuándo estamos realmente ante un abuso. Esto choca con otras realidades en las que el abuso es claramente evidente.

El abuso sexual infantil en cifras

En España uno de cada 10 niños y una de cada 5 niñas sufre abuso sexual, en el sentido amplio. El tipo de conductas que suponen abuso sexual es variado:

- Contacto genital o anal.
- Penetración anal, vaginal u oral.
- Exposición de genitales.
- Producción de material pornográfico.
- Inducir a relaciones sexuales entre menores.
- Exposición a material pornográfico.
- Caricias en los genitales, masturbación.

Si eres un niño que ha pasado por una experiencia confusa:

Si crees estar sufriendo abuso sexual pide ayuda, habla con alguien que sea de tu confianza y cuéntale lo que te está sucediendo. Aunque tengas miedo de que no te crean cuéntalo hasta que te hagan caso. Quizá la primera persona no reaccione como tú esperabas, pero no te canses; sigue intentándolo o acude a los servicios que atienden a los niños (mira las direcciones al final del capítulo).

Si eres alguien que quieres saber más sobre los abusos o que quieres apoyar a alguien que los ha sufrido:

En este capítulo encontrarás información muy básica sobre lo que es el abuso sexual. En los ejercicios prácticos puedes colaborar con el niño al que quieres ayudar. Además, para hablar con él sobre el abuso es muy importante que le creas, que le hagas entender lo valiente que ha sido contándotelo y que tenga tu apoyo y tu cariño. Hay que determinar en la medida de lo posible si se encuentra en situación de peligro, y en ese caso comunicarlo a los organismos competentes. (Al final del capítulo aparecen algunas direcciones útiles.)

¿Qué le pasa a un niño que sufre abuso sexual?

Todos los abusos producen reacciones emocionales negativas, aunque no siempre ocasionan un desajuste. En realidad un 20-30 % de las víctimas permanece estable emocionalmente (tabla 1). Es decir, los abusos generan en todos los niños emociones negativas. Pero en la asimilación de la experiencia y de esas emociones interviene una serie de factores (tabla 2) que están mediando en la probabilidad de desarrollar síntomas patológicos.

Los ejercicios que se presentan van dirigidos al manejo de esas emociones negativas. Se trata de aumentar las habilidades de afrontamiento del niño para que no se desarrollen síntomas patológicos. No pretende ser en ninguna medida el sustituto del tratamiento psicológico que puedan precisar algunos de los niños que sufren abusos.

TABLA 1. Reacciones emocionales a corto plazo
de una víctima de abuso sexual

• Miedo generalizado.
• Hostilidad y agresividad. (Estar enfadado con los demás y contigo mismo.)
• Culpa y vergüenza. (Sentirte responsable de lo que ocurrió y avergonzarte.)
• Baja autoestima y sentimientos de estigmatización. (No quererte a ti mismo tanto como antes, y creer que lo que te ha pasado te dejará marcado, estropeado, que cualquiera que te vea va a notar que has sufrido un abuso.)
• Rechazo del propio cuerpo. (No gustarte tu cuerpo, pensar que es sucio...)
• Desconfianza y rencor hacia los adultos.

TABLA 2. Factores mediadores de la influencia del abuso

• Cómo vive el niño lo que le ha pasado.
• Edad y madurez del niño.
• Apoyo de la familia, de los amigos...
• Estrategias de afrontamiento disponibles.

Vamos a presentar diferentes ejercicios que pueden ayudarte a controlar y reducir las emociones negativas que tienes a raíz del abuso.

Todos estos ejercicios puedes hacerlo solo, pero si tienes una persona de confianza también te puede ayudar.

Antes de empezar es importante recordarte que si los abusos están pasando ahora, debes pedir ayuda.

Reconocer sentimientos

📁 El objetivo del ejercicio es aprender a reconocer lo que estás sintiendo por lo que te ha ocurrido.

> No entiendo nada, no sé por qué me ha pasado esto y por qué me siento así... estoy hecha un lío y no sé ya qué pensar.
>
> *Susana, 16 años*

P La realización es individual.

🕐 Para este ejercicio el tiempo lo pones tú.

✎ Papel y lápiz. La hoja de registro de sentimientos.

📖 El ejercicio consiste en hacer una lista con los sentimientos que tienes relacionados con el abuso. Quizá te resulte difícil ponerles nombre; no lo hagas. En vez de eso intenta explicarlo con detalle. Puede servirte de ayuda la tabla que aparece en la introducción teórica (tabla1).

Es probable que en el primer intento no puedas escribir todos tus sentimientos; no importa, puedes ir añadiéndolos poco a poco.

Este ejercicio es muy importante, porque de él van a depender los que vienen después. Cuando hayas completado esta práctica podrás comprobar que en las posteriores se trabaja con algunos de los sentimientos que tú hayas podido tener.

Te recomendamos

Para que tu lista sea más completa, incluye sentimientos que tengas hacia ti mismo y hacia los demás. Si tienes problemas para ponerle nombre a tus sentimientos, no lo hagas en principio: explícalos. Después, junto a esa explicación puedes ponerle el nombre.

MI LISTA DE SENTIMIENTOS

1.

2.

3.

4.

5.

6.

7.

8.

9.

10.

Notas.–

Controlar los miedos

📁 El objetivo del ejercicio es saber cuáles son tus miedos relacionados con el abuso y enfrentarte a ellos.

P La realización es individual.

🕐 Sin tiempo.

✏️ Papel y lápiz (hoja de registro) y tu capacidad de imaginación...

> Hay veces que no puede soportarlo... cuando se va acercando la hora de dormir doy vueltas y más vueltas por no meterme en la cama.
> *Belén, 14 años*

📖 Piensa detenidamente cuáles son las situaciones y las cosas que te dan miedo. Anótalas. Seguramente irás aumentando la lista poco a poco porque te resultará difícil acordarte de todas de una vez. Tómate tu tiempo.

Intenta establecer un orden, empezando por las que más miedo te dan.

Piensa por qué te dan miedo y anótalo.

Si tienes cosas que te hacen sentir más seguro, utilízalas. Tienen un significado especial para ti y puedes usarlas en momentos difíciles; son tus ARMAS. Pueden ser pensamientos, recuerdos de buenos momentos u objetos... Por ejemplo, a algunos niños que les da miedo irse solos a la cama, se sienten mejor con un muñeco. Éste es algo muy básico, pero que puede servir de gran ayuda, con los pensamientos es un poco más complicado, pero también funciona. Utilizar la imaginación para tranquilizarnos en un momento de angustia es fácil; sólo tienes que practicarlo.

¿Cómo empezamos?

Coge tu primer miedo y anota al lado las armas con las que puedes combatirlo. Imagina una situación en la que puedas sentir ese temor y cómo lo superarás con tus nuevas herramientas. Hazlo así con cada una de las cosas que te asustan. Cada vez que te asalte uno de tus miedos ya sabes que tienes ARMAS para afrontarlos.

Te recomendamos

Para realizar este ejercicio es fundamental que no estés sufriendo el abuso ahora. El objetivo son los pequeños miedos de tu vida diaria; no se pretende que con estos ejercicios te enfrentes tú solo al abuso o al abusador.

MIEDOS	ARMAS
•	
•	
•	
•	
•	

Notas.–

Manejo mi enfado

📁 El objetivo es controlar las reacciones de enfado y rabia, tanto hacia uno mismo como hacia los demás.

P La realización es individual.

🕐 Sin tiempo.

✏ Papel y lápiz.

> Estoy tan enfadada con todos por lo que ha pasado, y la peor de todos soy yo. ¿Cómo he dejado que pasara esto?

📖 Para empezar tienes que saber con quién estás enfadado:

CON...

CON...

CON...

CON...

Una buena manera de desahogarte con **quien te hizo daño** es escribirle una carta en la que expliques por qué estás enfadado y qué sentimientos tienes por lo que te hizo. No se pretende que se la des sino que, después de haberla leído, la rompas.

Una parte de ese enfado lo sacarás con otras personas o contra **todo el mundo**, pero según te vayas sintiendo mejor, eso irá desapareciendo.

Los ejercicios de relajación te pueden ir muy bien. Practícalos.

Si estás enfadado **contigo mismo,** puede que sea porque te sientes responsable de lo que ocurrió, por dejar que pasara. **NO ES CULPA TUYA,** el responsable es el adulto, que utilizó medios para conseguir lo que quería. Se aprovechó de tu confianza, utilizó engaños o regalos, usó la violencia o te amenazó. Lo hiciera como lo hiciera, el responsable es él.

MI CARTA A:

No soy diferente por lo que me ha pasado y me quiero

📁   El objetivo del ejercicio es acabar con la idea de estar marcado para siempre por haber sufrido un abuso y aumentar la autoestima.

> Me siento tan rara, tan sucia... como si todos supieran lo que me ha pasado.
> Nunca volveré a estar bien, a ser la misma.

P   La realización es individual.

🕐   De 10 a 15 minutos.

✎   Papel y lápiz. La hoja de "mis cosas buenas" que se adjunta.

Has leído en el principio de este capítulo que 1 de cada 10 niños y 2 de cada 10 niñas han sufrido abusos, ¿Cuántos sois en tu clase? Según esos datos, en una clase de 20 niños podría haber 3 o 4 niños que hubieran sufrido algún tipo de abuso. ¿Serías capaz de decir si alguien ha sufrido abuso? No, ¿verdad? Pues ellos tampoco. Por haber pasado por una experiencia así no eres distinto, no vas a quedar marcado para siempre. Lo que ha cambiado son tus sentimientos y que quizá ya no te quieras como antes, pero eso va a cambiar. Nuevamente te voy a pedir que escribas.

Haz una lista con tus virtudes, tus cosas buenas, cosas que te dice la gente que te quiere. Algo que no se te debe olvidar es que eres muy valiente, porque has dado un paso muy importante al atreverte a trabajar con tus sentimientos, y eso también requiere sensibilidad, así que ya van dos.

En la segunda columna vas a anotar si estas cosas buenas han cambiado o no. Hazlo antes de seguir leyendo.

¿Lo has hecho? La mayoría no han cambiado, y es que aunque ahora no te sientas muy bien, sigues siendo el mismo, y debes quererte por eso, por tus grandes pequeñas cosas.

MIS COSAS BUENAS

Antes	Ahora
•	•
•	•
•	•
•	•
•	•
•	•

Algunos teléfonos útiles:

Sobre atención al niño
Dirección general del menor y familia (Ministerio de Asuntos Sociales).
91.347.81.09
91.347.81.19
Dirección general de atención al niño de la Junta de Andalucía.
955.04.80.00
Defensor del Menor (Madrid).
91.563.441
Ayuda a niños y adolescentes.
900.202.010

Sobre maltrato infantil y abuso sexual
Denuncia de casos de malos tratos a los niños.
900.210.966
ADIMA (Asociación Andaluza para la Defensa de la Infancia y Prevención del Maltrato Infantil). Sevilla.
954.211.155
EICAS (Equipo de Investigación de Casos de Abuso Sexual). Sevilla.
954.902.267
SAAS (Servicio de Atención al Abuso Sexual). Valencia.
953.514.717

Algunas direcciones en internet:

SAVE THE CHILDREN: Es una asociación que se ocupa de la defensa de los derechos del niño.
http://www.savethechildren.es
FAPMI (Federación Española de Asociaciones para la Prevención del Maltrato Infantil).
http://www.derecho.org/comunidad/fapmi

11. CÓMO AFRONTAR LA MUERTE DE UN SER QUERIDO

Raquel Zamora García

> *El objetivo de este capítulo es conseguir que todo aquel que haya perdido a un ser querido conozca y comprenda el proceso psicológico del duelo. Además, supone una guía, práctica y sencilla, para ayudar a los afectados a superar la pérdida y orientar a sus familiares y amigos en cómo ofrecerles un apoyo adecuado.*

Cómo se manifiesta un duelo normal

Cuando nos enfrentamos a algo tan doloroso como la muerte, es lógico que suframos una serie de consecuencias psicológicas que se manifiestan a nivel emocional, en nuestro comportamiento, estado de salud e incluso en nuestras creencias acerca de lo que pensábamos sobre la vida y el mundo.

Son manifestaciones de un duelo normal:

CAMBIOS FÍSICOS	Opresión en la garganta, taquicardias, dolores de cabeza, sudoración excesiva, dificultades para dormir, falta o exceso de apetito, sensación de ahogo, debilidad, cansancio, sequedad de boca, sensibilidad al ruido, tener la extraña sensación de no ser uno mismo o de ver la realidad como "desde fuera", etc.
CAMBIOS DE COMPORTAMIENTO	Tocar, oler y/o llevar pertenencias del difunto, visitar lugares donde él solía ir o, por el contrario, evitar ver todo aquello que le recuerde a esa persona o su muerte, hablar con él, moverse de un sitio a otro sin finalidad alguna, etc.
SENTIMIENTOS MÁS FRECUENTES	Incredulidad, sorpresa, preocupación por el fallecido, ansiedad, soledad, tristeza, desesperanza, ira, miedo, culpabilidad, rencor, alivio tras una enfermedad grave, etc.

A los cambios físicos, comportamentales y emocionales hay que añadir la modificación de las principales creencias de la persona que sufre el duelo. Como ya sabes, todos tenemos nuestras propias teorías sobre cómo deben ser las cosas. La muerte contradice muchas de estas creencias, de tal forma que nuestro modo de ver el mundo cambia, el mundo ya no es un lugar tan seguro, controlable y justo como hasta ahora habíamos pensado. El futuro deja de existir porque la muerte es algo que podría ocurrirnos en cualquier momento. Muchas cosas, a las que antes le dábamos importancia, ahora nos resultan absurdas. Como consecuencia de todo esto nos sentimos terriblemente inseguros, preocupados, ansiosos, y nuestra autoestima disminuye.

Otro aspecto muy importante en el proceso de duelo es la serie de actos sociales que se llevan a cabo en los primeros días tras la muerte. Hablamos del velatorio, el entierro, la misa de difuntos, el arrojar las cenizas a un lugar especial, etc. Es muy importante que asistamos a estas ceremonias, ya que tienen funciones muy importantes:

- Informan a familiares y amigos de lo ocurrido.
- Ayudan a que tomemos conciencia de que la muerte es real.
- Ofrecen un lugar seguro, cálido y permisivo donde podemos expresar nuestras emociones.
- Favorecen el apoyo social, es decir, las personas cercanas ofrecen la ayuda que sea necesaria a la familia.

Todo duelo se desarrolla en una serie de fases que han sido estudiadas por numerosos autores:

Fase de choque

Sentimientos de embotamiento, sorpresa, incredulidad...

Ausencia de reacción emocional porque aún no hemos asimilado lo ocurrido.

Duración: desde unas horas hasta varias semanas.

Fase de anhelo o búsqueda

Nos damos cuenta de que la muerte es real y reaccionamos ante ello.

Sentimientos de ansiedad, ira, culpa, preocupación por el fallecido, impotencia...

Duración: depende de cada autor. Entre uno o varios meses.

Fase de reorganización

Nos vamos encontrando mejor poco a poco y los sentimientos van desapareciendo.

Se recupera la ilusión por las cosas y hacemos planes de futuro.

Rehacemos nuestra vida. Comienza alrededor del año, aunque depende del tipo de pérdida.

Fase de desesperanza y reorganización

Sentimientos de soledad, tristeza, desesperanza...

Pérdida de la capacidad para disfrutar las cosas.

Aislamiento social.

Duración: varios meses.

Cómo ayudar a la persona en duelo

Si eres familiar o amigo de alguien que acaba de perder a un ser querido, debes tener muy claro que tu ayuda, por mínima que a ti te parezca, puede ser muy útil para ayudar al desarrollo de un duelo adecuado. La mayoría de las veces con un pequeño gesto logramos más de lo que podemos imaginar; la cuestión es saber qué hacer y/o decir en los momentos más importantes. El tipo de apoyo que podemos ofrecer es muy variado.

> Los recuerdos no pueblan nuestra soledad, como suele decirse. Por el contrario, la hacen más profunda.
>
> *G. Flaubert*

- *Apoyo instrumental.* Ayuda a tu familiar o amigo en las tareas cotidianas como cuidar a los niños, hacer las compras o resolver el papeleo. Ten cuidado y evita que una sola persona de la familia asuma todas las tareas que realizaba el fallecido, ya que podría sobrecargarse y sufrir problemas emocionales más serios.
- *Apoyo informativo.* Cuéntale todo aquello que quiera saber sobre las circunstancias de la muerte o cualquier otro aspecto sobre el fallecido. En estas situaciones no responder a sus preguntas, ocultar datos o mentir podría perjudicarle aún más.
- *Valoración de resultados.* Asesora a la persona sobre cómo realizar las nuevas tareas a las que debe enfrentarse, corrigiéndole y animándole. Así le ayudarás a aumentar su confianza en sí mismo.
- *Apoyo emocional.* A continuación te exponemos una serie de reglas generales que le servirán para ofrecerle un apoyo emocional adecuado durante todo el proceso de duelo:

Primera regla: Sé comprensivo con la persona que está pasando por esos momentos. Escucha en silencio todo lo que tenga que decirte, aunque algunas cosas te parezcan ilógicas. Ahorra comentarios que pudieran quitar importancia a lo sucedido como por ejemplo: «No te preocupes, tendrás otros hijos», «Seguro que él está mejor en el cielo» o «El tiempo lo cura todo». Habrá ocasiones en que no sepas qué decir; no te preocupes. A veces es mejor no decir nada; con sólo escuchar es suficiente. En estos casos lo mejor es expresar lo que sientes o preguntarle qué ayuda espera o necesita de ti. Por ejemplo: «La verdad es que no se qué decir para consolarte» o «¿Cómo puedo ayudarte?».

Segunda regla: Permite que se exprese libremente y acepta su malestar emocional como algo normal y beneficioso para superar la pérdida. Generalmente, los familiares y amigos suelen evitar hablar del fallecido o de las circunstancias de la muerte por temor a que el familiar afectado vuelva a recordarlo, pero, en realidad, la persona en duelo ya se acuerda constantemente de lo ocurrido y, por lo general, se siente muy aliviada de poder hablar sobre ello. Pregúntale sin miedo cómo se encuentra, qué tal lo esta llevando o si quiere desahogarse, así le harás saber que estás a su lado. Quizá te sientas incómodo escuchando cómo se siente tu familiar o, si llora amargamente, pensarás que durante esos momentos está sufriendo, pero no te preocupes: lo que parece ser un mal rato tiene beneficios a largo plazo porque le estás ayudando a reconocer y expresar sus emociones.

Tercera regla. Ten paciencia; el duelo requiere un tiempo para superarlo. Quizá en un principio parecerá que la persona reacciona muy bien, pero pasadas varias semanas notamos que se encuentra peor. En estos casos suele tratarse de una evolución normal del duelo. A veces deberemos ofrecerle nuestro hombro para que llore y otras deberemos empujarle a que intente hacer una vida lo más completa posible, animándole a que, a pesar de su estado emocional, siga adelante. La recuperación es gradual. Consulta a un psicólogo si observas que no mejora con el tiempo.

Cuarta regla. Si además tu también eres familiar o amigo del fallecido, permítete vivir tu propio duelo. En ocasiones no te encontrarás con fuerzas para animar a nadie y seguramente necesitarás que te apoyen a ti. Procura no sobrecargarte apoyando a los demás cuando eres tú el que necesita ayuda. En esos casos te recomiendo que hables con otro familiar o amigo que no esté tan afectado, explícale cómo dar el apoyo correcto, y que sea él el que ofrezca dicho apoyo al otro. No olvides desahogarte y buscar ayuda para ti mismo.

Vamos a presentar diferentes ejercicios que pueden ayudarte a que desarrolles una conciencia más profunda de tu vida emocional.

Escala para evaluar el duelo

Mediante este cuestionario se obtiene una valoración glo-bal del proceso de duelo, además de otras tres dimensiones: Duelo activo, Dificultades de afrontamiento y Desesperanza.

Definición

Duelo activo	¿Estoy sufriendo una reacción de duelo normal o, de lo contrario, mis reacciones son más inten-sas de lo esperado?
Dificultad de afrontamiento	¿Tengo dificultades a la hora de manejar las con-secuencias psicológicas del duelo, lo cual perju-dica a mi vida más de lo que sería habitual?
Desesperanza	¿Tengo un duelo muy intenso que podría ocasio-narme problemas psicológicos a largo plazo?

📁   El objetivo del ejercicio es conocer si estamos sufriendo un duelo normal o patológico, si tenemos dificultades para enfrentarnos a él y si existe el riesgo de sufrir otro tipo de psicopatologías como la depresión.

P   La realización es individual.

🕐   Requiere unos 10 minutos.

✏   Papel y lápiz. El cuestionario que se adjunta.

📖   El ejercicio consiste en responder a cada una de las frases del cuestionario en función del grado de acuerdo o desacuerdo con respecto a las mismas, basándose en las "Claves de intensidad" que te ofrecemos a continuación.

CLAVES DE INTENSIDAD

1	2	3	4	5
Nada de acuerdo	**Algo de acuerdo**	**Bastante de acuerto**	**Muy de acuerdo**	**Totalmente de acuerdo**

1	Me siento mal cuando pienso en el fallecido.	1	2	3	4	5
2	Me siento apenado por el fallecido.	1	2	3	4	5
3	Me siento vacío.	1	2	3	4	5
4	Me siento muy solo desde su muerte.	1	2	3	4	5
5	Estoy asustado.	1	2	3	4	5
6	Siento que necesito hablar de él/ella.	1	2	3	4	5
7	El tiempo pasa más lentamente desde que él/ella murió.	1	2	3	4	5
8	Es doloroso tener recuerdos de la pérdida.	1	2	3	4	5
9	Le echo mucho de menos.	1	2	3	4	5
10	Me siento deprimido.	1	2	3	4	5
11	Lloro cuando pienso en él/ella.	1	2	3	4	5
12	Me encuentro con mis amigos y familiares más de lo que quisiera.	1	2	3	4	5
13	No puedo continuar con mis actividades cotidianas.	1	2	3	4	5
14	No me siento realmente vivo desde que murió.	1	2	3	4	5

15	Me siento apartado y ausente incluso entre amigos.	1	2	3	4	5
16	Siento que me he adaptado bien a la pérdida.	1	2	3	4	5
17	Encuentro difícil tomar decisiones desde que murió.	1	2	3	4	5
18	Me es difícil llevarme bien con ciertas personas.	1	2	3	4	5
19	He pensado en la posibilidad de suicidarme desde la pérdida.	1	2	3	4	5
20	He decepcionado a las personas desde que él/ella murió.	1	2	3	4	5
21	A veces siento que necesito un profesional que me ayude a reanudar mi vida.	1	2	3	4	5
22	Me siento con mucha vitalidad.	1	2	3	4	5
23	Me siento desprotegido en un mundo peligroso desde que él/ella murió.	1	2	3	4	5
24	Es más seguro no amar.	1	2	3	4	5
25	Me siento físicamente enfermo cuando pienso en el fallecido.	1	2	3	4	5
26	Siento que no valgo nada desde que él/ella murió.	1	2	3	4	5
27	Lo mejor de mí murió con él/ella.	1	2	3	4	5
28	Me culpo por su muerte.	1	2	3	4	5
29	Intento sonreír pero nada parece divertirme.	1	2	3	4	5
30	Tomo medicamentos para los nervios.	1	2	3	4	5
31	Estoy preocupado por mi futuro.	1	2	3	4	5
32	Me siento culpable cuando pienso en él/ella.	1	2	3	4	5

Corrección

Para obtener la puntuación total del cuestionario suma el número que has marcado en las respuestas a todas las frases del cuestionario, desde la 1 a la 32.

Puntuación total =......

Para obtener la puntuación correspondiente a la dimensión "Duelo Activo" suma el número que has marcado en las respuestas desde la frase 1 a la 11.

Puntuación en "Duelo Activo" =.......

Para obtener la puntuación correspondiente a la dimensión "Dificultad de Afrontamiento" suma el número que has marcado en las respuestas desde la frase 12 a la 22.

Puntuación en "Dificultad de Afrontamiento" =.......

Para obtener la puntuación correspondiente a la dimensión "Desesperanza" suma el número que has marcado en las respuestas desde la frase 23 a la 32.

Puntuación en "Desesperanza" =......

Soluciones
- *Puntuación total*: Entre 56 y 104: Estás sufriendo las consecuencias normales del duelo. Menor de 56: Puede que no hayas reaccionado aún a la muerte o que niegues lo ocurrido, en cuyo caso podría darse otro tipo de problemas como un duelo patológico. Mayor de 104: Sufres un duelo más grave que lo esperable. En los dos últimos casos podrías pedir asesoramiento psicológico para evitar posibles problemas futuros.

- *Duelo Activo:* Entre 26 y 46: Tus reacciones de duelo son normales. Menor de 26: Aún no has reaccionado ante la pérdida. Mayor de 46: Tu reacción de duelo es mayor que la esperada y será más difícil de superar.
- *Dificultad de Afrontamiento:* Entre 11 y 33: No tienes grandes dificultades para enfrentarte al duelo. Mayor de 33: Tienes dificultades para superar la pérdida.
- *Desesperanza:* Entre 10 y 32: Sufres un duelo normal. Mayor de 32: Puedes perder la confianza en ti mismo y en el mundo que podría ocasionarte dificultades para enfrentarte a la pérdida.

Cada una de las subescalas del cuestionario sugiere tres aspectos diferentes del duelo. Lo habitual es que las puntuaciones en "Duelo activo" sean más altas que en las otras dos subescalas. Las subescalas "Dificultad de afrontamiento" y "Desesperanza" indican aspectos de riesgo, por lo que las puntuaciones que no estén dentro del intervalo normal podrían sugerir la existencia de problemas psicológicos más serios, como la depresión.

Importante

Si has obtenido puntuaciones que te indiquen que puedes tener algún problema en la evolución del duelo, vuelve a cumplimentar el cuestionario dentro de uno o varios meses. Si la puntuación cambia a los valores normales significa que estás superando la pérdida, ya que la puntuación tiende a disminuir con el tiempo, por lo que no tendrías que preocuparte. Si observas que no logras recuperarte con la ayuda de tus familiares y amigos, no dudes en consultar a un profesional. Él/ella te ayudará a superar la muerte de un modo saludable, previniendo posibles dificultades psicológicas en el futuro.

Cómo ayudar a los niños a afrontar el duelo.

📁 El objetivo del ejercicio es comprobar si estamos haciendo lo correcto para ayudar a nuestros hijos u otros pequeños de la familia para que comprendan y aprendan a manejar las emociones implicadas en el duelo.

> ¿Vuelve el polvo al polvo?
> ¿Vuelve el alma al cielo?
> ¿Todo es vil materia,
> pobredumbre y cieno?
> ¡No sé; pero hay algo
> que explicar no puedo,
> que al par nos infunde
> repugnancia y duelo
> al dejar tan tristes, tan solos,
> los muertos!
>
> *Gustavo A. Bécquer*

P La realización es individual, aunque también podría hacerse en pareja, ambos padres juntos, ya que es muy importante que los dos, y el resto de la familia, respondan de la misma forma ante esta situación, evitando así confundir al niño.

🕐 Requiere entre 5 y 10 minutos.

✏ Papel y lápiz. El cuestionario de preguntas que se adjunta.

📖 El ejercicio consiste en contestar Sí o No a una serie de preguntas que se presentan a continuación según lo que sueles hacer en cada una de las situaciones que se plantean. Una vez que hayas respondido a las preguntas, comprueba si has contestado correctamente a cada una de ellas. Si no es así, intenta hacer lo que te aconsejamos.

1	Cuando explicaste al niño que el familiar había falleci-do, ¿evitaste decirle la frase "ha muerto" ?	SÍ	NO
2	¿Le has contado la causa real del fallecimiento?	SÍ	NO
3	¿Le has explicado que esa persona ya nunca volverá?	SÍ	NO
4	¿Le has dicho alguna vez que el fallecido le vigila, nos ve, sabe cómo se porta o algo similar?	SÍ	NO
5	¿Intentas que el niño no te vea llorar o disimulas tu tris-teza en su presencia?	SÍ	NO
6	¿Le preguntas qué le ocurre o qué siente cuando lo notas triste, irritable, nervioso, etc.?	SÍ	NO

Soluciones a las preguntas y orientación para hacerlo correctamente

• Pregunta 1: Respuesta correcta NO.

Solución: Es mejor utilizar el término "ha muerto", ya que es el término exacto. Si le decimos "se ha ido", "está dormido" o algo similar, el niño creerá que realmente es así, ya que los niños suelen tomar las palabras en sentido literal. De esta manera podría darse el caso de que nos pidiera viajar a donde ha ido o preguntarnos cuándo despertará. Esto puede confundir aún más al niño. Responde a sus preguntas adaptando tus palabras a su nivel de comprensión. Cuando no sepas qué contestarle, reconócele que no sabes responder a todas sus preguntas.

• Pregunta 2: Respuesta correcta SÍ.

Solución: Cuéntale cuál ha sido la causa real del fallecimiento, una enfermedad, un accidente, etc. Así, el niño no creerá que la persona muerta se marchó porque ha querido, porque él se ha portado mal o porque le ha abandonado. Al hacer esto hay que explicarle también que generalmente las enfermedades no provocan la muerte y que los accidentes son infrecuentes, ya que existe el riesgo de que el niño desarrolle un miedo ante estos acontecimientos, de tal forma que cuando se ponga enfermo tema morir o, por ejemplo, se niegue a viajar en coche. Además, estas explicaciones ayudarán a disminuir la preocupación que pudiera tener con respecto a que la muerte pueda ocurrirle a otro miembro de la familia.

* Pregunta 3: Respuesta correcta SÍ.
Solución: Explícale lo que la muerte conlleva, que es para siempre y que no volveremos a ver más a esa persona porque no puede volver. Se trata de evitar que el niño tenga falsas esperanzas, y podría ponerse muy inquieto a medida que vaya comprobando que está equivocado, incluso puede llegar a pensar que el fallecido no vuelve porque no le quiere o porque está enfadado con él, sintiéndose muy culpable por ello.

* Pregunta 4: Respuesta correcta NO.
Solución: Decirle que el fallecido nos vigila y sabe todo lo que hacemos crearía un enorme sentimiento de culpa cuando crea que no se está portando bien, o podría crear una falta de intimidad en el niño.

* Pregunta 5: Respuesta correcta NO.
Solución: Los padres principalmente somos los modelos de nuestros hijos. Ellos aprenden de nosotros todo aquello que es importante y, entre otras cosas, aprenden cómo reconocer y manejar las emociones. Por ello es muy importante que los niños sepan que los adultos tenemos esas emociones, que también sienten ellos, y que es algo normal, que no pasa nada si uno se siente triste. Si nos pillan llorando, si les gritamos o notan que estamos serios, explicadles por qué, por ejemplo: «Mamá llora porque está triste; echa de menos a

papá». Por supuesto, evita que el niño vea reacciones emocionales exageradas que quizá no comprenda.

- Pregunta 6: Respuesta correcta SÍ.

Solución: Si notas que el niño tiene emociones que no cuenta, pregúntale directamente por ello y permite que se desahogue. Transmítele que es normal tener esas emociones y tranquilízale. Enseña a tu hijo cómo afrontar dichas emociones, dale consejos que pueda poner en práctica, como distraerse, hablar con los demás sobre lo que le preocupa, pensar de forma positiva, etc. Ponle ejemplos de cómo papá y mamá hacen para sentirse mejor y ensaya con él cómo hacerlo. Seguro que esto será una lección importantísima para ambos.

Además te recomendamos
- Que la vida del niño cambie lo menos posible, es decir, que si mamá le contaba un cuento por las noches lo siga haciendo, y si mamá no puede, que lo haga otra persona.

- No tengas reparos a la hora de hablar de la persona fallecida. Habla de ella con naturalidad.

- Explícale que se puede seguir queriendo a esa persona aunque no esté.

- Podrías llevar a cabo algún ritual donde el niño participe, por ejemplo poner una vela, visitar la tumba, hacer algo que le hubiera gustado a la persona fallecida, etc.

Diferencias según la edad.
Para comprender adecuadamente el concepto de muerte debemos alcanzar un cierto nivel de desarrollo mental y emocional. Por lo general, los niños manifiestan su malestar

mediante cambios de comportamiento; quizá se vuelvan más desobedientes, no jueguen tanto, se muestren más dependientes o desapegados, etc., o bien mediante síntomas psicosomáticos. No te preocupes, esto es normal, sólo intenta ayudar a tu hijo a superar su malestar lo mejor que pueda.

Los niños entre 2 y 5 años comprenden el concepto de muerte, pero tienen dificultades para entender algunos aspectos que ésta conlleva. Tienden a responsabilizarse de lo ocurrido y a idealizar a la persona fallecida.

Para los niños entre 5 y 7 años es más fácil asimilar lo que significa que una persona haya muerto, gracias a un mayor desarrollo de su capacidad intelectual, pero debemos tener en cuenta que su capacidad para afrontar las emociones es limitada y necesitará que les enseñemos a hacerlo como te hemos explicado anteriormente.

A partir de los 7 años comprenden perfectamente lo que la muerte significa y están más preparados emocionalmente para afrontarlo, pero aún así debemos estar atentos por si encuentran dificultades para hacerlo.

> Comprendo la tentación de olvidar pero, para mí, olvidar a Adam hubiera sido peor que su muerte. Siempre que puedo pronuncio su nombre, deleitándome en mi maternidad. A pesar de que él nunca me ha hablado, su vida y su muerte me han dicho muchas cosas. No, todo ha cambiado mucho y no como yo esperaba. Hubiese preferido que Adam viviera y, sin embargo, agradezco a Dios el significado que ha dado a nuestro amor. La muerte hizo que Adam se me escapara de las manos, pero no sucumbiré y no moriré con él. Escaparé a la muerte... tal vez tú también hagas lo mismo.

> Ronda Chinn
> *Loving Arms Newsletter* (nov. 1985).

Lecturas recomendadas

Worden, J.W. (1997). *El tratamiento del duelo: asesoramiento psicológico y terapia.* Barcelona: Paidós.

Magnífica y completa guía para profesionales en la que, además de realizar un profundo análisis sobre el desarrollo del duelo normalizado, Worden nos asesora sobre cómo realizar el asesoramiento y las técnicas más útiles a la hora de trabajar con el deudo. El manual se completa con la descripción de los tipos de duelos patológicos, el abordaje terapéutico en estos casos y la elaboración de otras pérdidas especiales como el aborto, las muertes perinatales o el suicidio. Todo ello con un lenguaje directo y sencillo que hace de la obra un material sin desperdicio.

Olmeda, M.S. (1998). *Duelo y pensamiento mágico.* Madrid: Master Line, S.L.

Este libro ofrece rigurosas explicaciones, fundamentalmente desde una perspectiva evolucionista y cognitiva, acerca de distintas manifestaciones que se dan en el duelo, explicaciones que ayudan a comprender los mecanismos responsables de las reacciones en el deudo y que hacen del libro una lectura obligatoria para aquéllos interesados en el tema. Uno de sus originales planteamientos hace referencia a lo que ella llama "mente de duelo" o "pensamiento mágico", sistema creencial que se forma como consecuencia del derrumbamiento de las creencias del sujeto acerca de la vida y el mundo tras la muerte del familiar. Los últimos capítulos dedicados a los rituales, el duelo patológico, el apoyo social y la terapia, hacen de la obra una completa y actualizada referencia.

Markham, U. (1997). *Cómo afrontar la muerte de un ser querido.* Barcelona: Martínez Roca.

Libro de autoayuda especialmente recomendado para aquellos que hayan sufrido o vayan a sufrir la muerte de alguien cercano. Especialmente útil para resolver algunos aspectos que se plantean en el duelo, como la existencia o no de vida después de la muerte, el duelo infantil o cómo afrontar los últimos días con el familiar que va a morir. El manual está repleto de ejercicios y recomendaciones prácticos.